Ce que Dieu
a uni

DU MÊME AUTEUR

LA SCIENCE DU CARACTÈRE, 1934. *(Epuisé.)*
POÈMES, 1940. *(Epuisé.)*
DIAGNOSTICS, Essai de physiologie sociale, 1940.
DESTIN DE L'HOMME, 1941. *(Epuisé.)*
L'ÉCHELLE DE JACOB, 1942.
RETOUR AU RÉEL, NOUVEAUX DIAGNOSTICS, 1943.
CE QUE DIEU A UNI, 1945.
LE PAIN DE CHAQUE JOUR, 1946.
NIETZSCHE OU LE DÉCLIN DE L'ESPRIT, 1948.
SIMONE WEIL TELLE QUE NOUS L'AVONS CONNUE (en
    collaboration avec le R. P. Perrin), 1952.
LA CRISE MODERNE DE L'AMOUR, 1953.
VOUS SEREZ COMME DES DIEUX, 1958.
NOTRE REGARD QUI MANQUE À LA LUMIÈRE, 1970.
L'IGNORANCE ÉTOILÉ, 1974.
ENTRETIENS avec Christian Chabanis, 1975.
L'ÉQUILIBRE ET L'HARMONIE, 1976.
LE VOILE ET LE MASQUE, 1985.

GUSTAVE THIBON

Ce que Dieu a uni

ESSAI SUR L'AMOUR

*« Que l'homme
ne sépare pas... »*

FAYARD

© *Librairie Arthème Fayard, 1962.*
ISBN : 978-2-213-00297-2

A Madame Jeanne Vial,

en témoignage
de parfaite amitié.
G. T.

Avant-propos

LE titre de cet ouvrage en indique suffisamment l'esprit. On y retrouvera, appliqué à des objets différents, le même souci d'unité, qui a inspiré nos précédents travaux.

La création, dans sa diversité infinie, forme un ensemble harmonieux dont toutes les parties sont liées entre elles et vivent les unes par les autres. De l'atome à l'ange, de la cohésion des molécules à la communion des saints, rien n'existe seul ni pour soi.

Dieu n'a créé qu'en unissant. Le drame de l'homme, c'est de séparer. Il se coupe de Dieu par l'irréligion, il se coupe de ses frères par l'indifférence, la haine et la guerre, il se coupe enfin de son âme par la poursuite des biens apparents et caducs. Et cet être séparé de tout projette sur l'univers le reflet de sa division intérieure : il sépare tout autour de lui; il porte ses mains sacrilèges sur les plus humbles vestiges de l'unité divine; il émiette jusqu'aux entrailles de la matière. L'homme atomisé et la bombe atomique se répondent.

La métaphysique de la séparation est la métaphysique même du péché. Mais, comme l'homme ne peut pas vivre sans un simulacre d'unité, ces parties de lui-même, disjointes et tuées par le péché, se rejoignent, en tant que mortes, non plus comme les organes d'un même corps, mais comme les grains de sable du même désert. La séparation appelle la confusion, la rupture l'uniformité. Il n'y a plus

d'artisans libres et originaux, mais une « masse » de prolé-
taires; il n'y a plus de chefs vivants et responsables, mais
des trusts, des bureaux et des États totalitaires; il n'y a
plus de couples qui s'aiment d'un amour unique, mais une
beauté standard et une sexualité mécanisée.

Il n'est pas d'autre moyen de salut que le retour à l'unité
dans la diversité. Dans d'autres ouvrages, nous avons
essayé de montrer les voies de ce retour sur le plan religieux
et social. Ici, nous tentons de placer dans le même éclaire-
ment les problèmes de l'amour humain.

Les quatre études qui constituent la première partie
abordent la question par ordre de généralité décroissante.

La première traite des rapports généraux entre la vie
et l'esprit.

La deuxième a pour objet les relations entre l'amour sen-
sible et l'amour spirituel.

Dans la troisième, nous considérons le mariage, sous
l'angle de la fusion totale de deux personnes et de deux
vies.

Nous étudions ensuite les épreuves et les purifications
que doit traverser l'amour de l'homme et de la femme pour
parvenir à cette unité indissoluble.

La seconde partie est faite d'aphorismes qui gravitent,
d'une façon plus libre et plus subjective, autour des mêmes
problèmes.

Notre seul but, en publiant ces pages, est d'aider quelques
âmes de bonne volonté à ne pas séparer ce que Dieu a uni.
Pour cela, il importe avant tout de comprendre que, même
dans l'ordre le plus temporel, il n'est pas de plénitude
humaine possible, dont Dieu ne soit pas l'âme et le centre.

Première partie

I

Le conflit
entre l'esprit et la vie

Partons d'abord des faits. Il n'est que d'ouvrir les yeux sur l'humanité de tous les temps et de tous les lieux pour se heurter au conflit. L'homme pourrait être défini comme l'*animal* en guerre avec lui-même. Antérieurement à *toute* définition, à toute interprétation positive ou négative, le conflit humain impose son évidence absolue.

L'animal, le petit *enfant* sont simples. A chaque instant, ils *penchent de* tout leur poids vers la chose qui les attire, *leurs* actes sont faits pour ainsi dire d'une seule pièce. L'homme est divisé; aucune nécessité maternelle ne lie infailliblement sa marche à sa route, une croisée de chemins toujours renaissante surgit sous ses pas et lui impose le choix et l'effort. Le combat est au cœur de sa destinée, et chacun de ses actes, à la différence de ceux des êtres purement cosmiques, peut être interprété comme une victoire ou une défaite : *vita hominis militia...*

Ce combat est de toutes les heures de la vie : il éclate

dans les circonstances solennelles, mais il se poursuit obscurément dans les situations les plus banales. Déchirée entre l'amour des siens et l'amour de Dieu, Thérèse d'Avila sent agoniser toute sa nature en entrant au cloître; l'image de Chimène et la passion du devoir s'entre-dévorent dans l'âme du Cid. Phases aiguës, explosives du conflit! Elles ne doivent pas nous faire oublier qu'il faut se battre aussi pour s'arracher au sommeil matinal ou pour résister aux suggestions du soleil d'avril qui, le jour où nous devons travailler, nous invite si doucement à la promenade. Rares sont les conflits tragiques et grandioses : c'est le résultat de ces combats impondérables qui donne à notre âme sa forme définitive.

Mais qui dit conflit dit aussi dualisme. Après avoir constaté le fait du conflit, il s'agit de définir les forces antagonistes qui s'affrontent dans l'âme humaine. Ici, les explications surabondent, et chacune exprime une face authentique du conflit humain : il y a, par exemple, le conflit cornélien entre la passion et le devoir, le conflit anarchiste entre l'individu et la société, le conflit chrétien entre la nature et la grâce, etc. Il n'entre pas dans nos intentions de nous livrer à une exégèse approfondie de ces diverses formes de conflit. Pour limiter notre sujet, nous nous bornerons à étudier le dualisme entre la vie et l'esprit. Et comme ces deux termes peuvent prêter à équivoque, nous aurons soin de les définir d'abord. Par vie, nous entendons l'ensemble des éléments par lesquels l'homme fait partie de l'univers sensible (corps, instincts, sensibilité sous toutes ses formes...); par esprit, nous voulons désigner tout ce qui, en lui, émerge hors du Cosmos et échappe à sa nécessité : l'intelligence et la volonté avec tout leur cortège d'exigences supra-sensibles et, à la limite, surnaturelles. Le conflit dont nous allons parler se ramène à la compression des instincts vitaux par la loi morale (je prends ici le mot de morale dans le sens très large de réglage des mœurs par l'esprit) et par l'idéal religieux.

Notre point de vue — il est peut-être bon de le souligner — ne sera ni celui de la métaphysique, ni celui de la théologie. Nous aurons sans doute l'occasion de nous rencontrer, dans certaines de nos remarques et de nos conclusions, avec ces sciences, mais nous ne parlons pas en leur nom. Nous voulons rester sur le terrain concret de l'expérience humaine et de l'histoire des mœurs. Notre objet n'est ni l'homme en soi ni le chrétien en soi; c'est l'homme et le chrétien tels qu'ils ont vécu, tels qu'ils vivent sur cette terre, avec leurs erreurs, leurs piétinements, leurs efforts, et cette distance tragique entre eux et leur humanité et leur christianisme.

Fécondité du conflit.

Il est un autre fait qu'on ne peut guère contester : le conflit entre la vie et l'esprit — un certain brisement de la plénitude vitale de l'homme — concourt puissamment à sa plénitude *humaine*. Rien de pur ni de grand n'a jamais crû ici-bas sans l'ascétisme et sans la douleur. Seuls, des hédonistes superficiels ou des penseurs qui doutaient soit de l'existence soit de la valeur positive de l'esprit ont pu considérer comme un mal absolu la tension qui habite l'homme. Mais la sagesse de tous les âges et de tous les peuples a consacré unanimement la fécondité de ce déchirement intérieur, et c'est une des gloires de l'humanité que d'avoir placé, à côté de sa répugnance universelle au sacrifice, son intuition non moins universelle de la fonction divine du sacrifice.

> On ajoute à l'esprit ce qu'à la chair on ôte,

disait le poète. Il est dans l'homme — et surtout à l'heure de la jeunesse — une exubérance, un bouillonnement épais et trouble des puissances vitales, qui enchaîne et séduit l'esprit, et que l'esprit doit dépasser et combattre pour que l'homme soit vraiment lui-même. Nourries et mesurées par la chair et les sens, nos premières passions sont bornées, exclusives, impénétrables comme le corps dont elles émanent, et c'est à travers leur déchirement que se dégage, avec son ampleur et sa transparence, la forme suprême de notre pensée et de notre amour. De combien de passions brassées par l'épreuve est faite la paix d'un cœur qu'habite le grand amour! Toute vie profonde comporte un brisement successif d'ébauches :

> Les premières amours sont des essais d'amour,
> Ce sont les feux légers, les passagères fêtes
> De cœurs encor confus et d'âmes imparfaites,
> Où commence à frémir un éveil vague et court.
> Pour connaître l'amour suprême et sans retour,
> Il faut des cœurs surgis de leurs propres défaites,

Et dont les longs efforts et les peines secrètes
Ont, par coups douloureux, arrêté le contour [1].

L'homme naît dans la douleur à la vie temporelle.
Mais sa naissance à l'éternité implique plus de souffrances encore. Ses ivresses trop sensibles sont chaudes
comme la chair — et corruptibles comme elle. La grande
loi de changement absolu et d'oubli total, qui est l'âme
de la création matérielle, régit leur furtive destinée. Mais
ce pur consentement cosmique à la mort, transposé en
climat humain, se nomme infidélité, ingratitude.

Je suis dans l'enfant mort, dans l'amante quittée,
Dans le veuvage prompt à rire, dans l'athée,
Dans tous les noirs oublis,
Toutes les voluptés sont pour moi fraternelles...

fait dire Victor Hugo au ver du sépulcre. Et, de fait,
les joies que l'homme recherche le plus portent en elles
le germe et le goût de la mort. On peut se résigner à
cette tragique affinité entre le néant et l'ivresse; on peut
même croire, comme Gide, qu'il n'est de richesse
humaine que dans l'inconstance et l'oubli : « Ame inconstante, hâte-toi! Sache que la fleur la plus belle est aussi
la plus tôt fanée. Sur son parfum, penche-toi vite. L'immortelle n'a pas d'odeur. » Mais tous les préceptes de
cette mouvante sagesse ne calment pas la soif de sécurité
dans le bonheur qui sort du noyau de notre nature. Et la
grande question de Dante : *comment l'homme s'éternise?*
reste posée au cœur de chacun. Elle ne comporte qu'une

1. Aug. Angellier, *A l'amie perdue.*

17

réponse : la lutte avec soi-même, le renoncement à soi-même, la guerre...

Nous réservons ici le problème théologique du péché originel. Psychologiquement, il n'est pas difficile — et Jacques Rivière l'a fait dans une analyse célèbre — de trouver mille vérifications concrètes du dogme de la chute. On a beau être libre de tout « préjugé » dogmatique, il suffit de regarder l'homme en homme pour sentir confusément que cet être n'habite pas en lui-même, qu'il est pour ainsi dire tombé au-dessous de sa nature et qu'il doit remonter incessamment une pente pour réintégrer, d'une façon toujours précaire et incomplète, sa propre destinée. La vie et l'esprit sont en lui disjoints et opposés : la vie, au lieu de servir l'esprit, tend à l'asservir, et l'esprit, pour échapper à cette Circé, cesse souvent d'être le tuteur de la vie pour devenir son bourreau.

Ce serait toutefois faire montre d'une coupable paresse d'esprit que d'invoquer, pour expliquer le dualisme humain, la seule chute originelle. Ne distendons pas une vérité profonde en un grotesque *Deus ex machina*. Tous les problèmes moraux débouchent sur des problèmes ontologiques, et l'être qui tombe révèle par là qu'il portait dans sa nature une disposition à la chute. Il n'est pas téméraire d'affirmer que l'homme à l'état de nature pure (c'est-à-dire l'homme également soustrait au péché et au miracle) serait affecté d'une certaine tension intérieure. C'est ici toute la question de la nature humaine qui est en jeu. Une plante, un animal reçoivent, si je puis dire, leur essence d'un seul coup;

sauf empêchement extérieur, ils sont fatalement ce qu'ils doivent être. Mais l'homme — et là est le signe essentiel qui le distingue de tous les autres êtres supérieurs et inférieurs à lui — ne reçoit pas d'emblée son humanité. L'esprit éclôt lentement, péniblement en lui; l'épanouissement intellectuel et affectif de cet esprit dépend largement de son choix et de son effort. On ne mérite pas d'être une pierre, une bête ou un ange, on mérite d'être un homme. Tous les autres êtres sont ce qu'ils sont, l'homme devient ce qu'il est. Il doit conquérir son essence... Or qui dit conquête dit aussi combat. Le conflit humain a donc sa racine dans la nature humaine. Ce conflit, le péché l'a aggravé et infecté, il ne l'a pas créé de toutes pièces.

Le conflit intérieur est d'ailleurs légitimé par cette parole du Christ : Si ton œil te scandalise, arrache-le et jette-le loin de toi.

Vanité du conflit.

Le conflit humain est nécessaire et fécond parce que l'homme est divisé. Mais si profond que soit ce dualisme intérieur, il n'en reste pas moins vrai que l'homme est un et que, poussé au delà de certaines limites, érigé en absolu, le conflit entre l'esprit et la vie aboutit à la ruine commune de l'esprit et de la vie. L'homme est indissolublement vie et esprit : toute option trop brutale en faveur de l'un ou de l'autre est inhumaine...

« L'esprit de Dieu flottait sur les eaux. » L'esprit de l'homme est porté sur les eaux de sa vitalité : si ces eaux débordent, l'esquif de l'esprit risque d'être entraîné et brisé, et ce danger justifie les mœurs ascétiques, lesquelles, en soi, n'ont pas d'autre objet que de rendre navigables à l'esprit les eaux de la vie. Je prends le mot ascétisme dans le sens très étendu de contrôle rigoureux de la vie sensible par l'élément spirituel : de ce point de vue, on peut affirmer que toutes les grandes formes de culture humaine reposent sur des bases ascétiques.

Mais autre chose est endiguer un fleuve, autre chose le tarir. L'ascétisme qui, par étroitesse ou routine, devient à lui-même son but et se change en haine de la vie, travaille du même coup à l'épuisement de l'esprit. Les eaux qui, trop hautes, mènent la barque au naufrage, trop basses, l'échouent sur le sable. Et, de fait, il n'est que de considérer certains produits de l'ascétisme sous toutes ses formes (tel intellectualisme desséché, tel moralisme exsangue...) pour leur trouver un air frappant de parenté avec une barque enlisée dans les sables inféconds.

A la racine de bien des idéals spirituels gît en effet une méconnaissance profonde de deux caractères essentiels de la vie sensible : la complexité et le changement. Certaines morales apparaissent comme des empiétements dangereux de l'idée pure (j'allais dire de l'idée fixe, et ce n'est peut-être pas par hasard que ce terme a dans le langage courant le sens peu flatteur qu'on lui connaît) sur le domaine de la vie et de l'action humaines. Elles exigent de l'homme une simplicité, une immobilité d'essence, elles écrasent le devenir vivant sous une éternité morte. Qu'on songe seulement à la morale stoïque de l'ataraxie, à la morale cornélienne de l'honneur, à la morale de l'honnêteté du XIXᵉ siècle, etc. L'homme, dans ces systèmes, n'a plus le droit de changer, il n'a plus même le droit de regarder autour de lui en marchant, il porte à la fois joug et œillères! Il faut que tout, dans sa vie multiple et mouvante, s'efface devant un principe abstrait posé une fois pour toutes; il faut, suivant le mot de Racine, que « ses serments lui tiennent lieu d'amour ». L'esprit (*spiritus promptus...*) va de l'avant : la vie suit comme elle peut — ou reste en route! De telles morales dénaturent le devoir de fidélité; elles ne font pas sa part à ce besoin de renouvellement et d'oubli que toute nature terrestre porte en elle et qui assure en partie la fraîcheur et l'originalité de l'être vivant. Mais l'esprit, en figeant la vie, se fige lui-même, et l'éternité qui, au lieu d'intégrer en elle le devenir, tend à le tuer n'est pas cette éternité vivante qui nourrit le temps, c'est une abstraction, un fantôme...

Il est cependant quelque chose de pire que l'oppression et la mécanisation de la vie par l'esprit (lesquelles provoquent infailliblement par ricochet le formalisme de l'esprit), et c'est la falsification des valeurs spirituelles, la contamination de l'esprit par les énergies vitales refoulées. Les mœurs, les idéals qui dénient à la chair et au moi individuel leurs droits légitimes n'épuisent pas seulement la vie, ils la pervertissent. La vie, ainsi comprimée, ne disparaît pas, elle ne se change pas non plus en esprit, mais elle ruse avec l'esprit, elle joue à l'esprit, elle reparaît insidieusement sous un masque de valeurs supérieures. Ce faux-monnayage a été dénoncé de tout temps par les moralistes; on a vu là à juste titre un effet de la misère de l'homme : j'y vois plutôt le fruit des ambitions outrées de cet être misérable. On ne devient pas faussaire uniquement parce qu'on est pauvre, mais surtout parce que, étant pauvre, on veut être riche. Il est ou il a été des climats affectifs et sociaux qui répriment, ravalent au rang des choses « honteuses » des sentiments élémentaires comme l'instinct sexuel ou l'attachement à la vie : on conçoit que ces sentiments, à la fois indestructibles et privés de leur issue normale, se voilent, pour parvenir à leurs fins, de l'idéal qui les condamne! Placée dans une atmosphère morale qui ne laissait de place qu'au souci de la cité, une héroïne de Corneille, apprenant que celui qu'elle aime va épouser la reine, déclare, pour expliquer le soupir que cette nouvelle lui arrache :

> L'image de l'Empire en de si jeunes mains
> M'a tiré ce soupir pour l'État que je plains.

Mais son père rectifie avec finesse cette adaptation « impure » de la passion à l'idéal, de la vie à l'esprit :

> Pour l'intérêt public, rarement on soupire,
> Si quelque ennui secret n'y mêle son martyre :
> L'un se cache sous l'autre et fait un faux éclat;
> Et jamais, à ton âge, on ne plaignit l'État.

Il n'est pas besoin d'invoquer, à l'appui de notre thèse, tant d'idéals de pureté angélique imprégnés de libido, tant de mythes politiques fondés verbalement sur le pur esprit collectif et pratiquement sur le pire égoïsme individuel. Cette hypocrisie spontanée — cette prostitution inconsciente de l'esprit et des valeurs nobles est la tare du romantisme sous toutes ses formes. Celui-ci, qu'il s'exerce dans l'ordre artistique, politique ou religieux, est toujours caractérisé par une *confusion* malsaine des réalités vitales et des réalités spirituelles, des choses de la terre et des choses du ciel, et cette confusion s'opère toujours sous le voile de l'idéal le plus haut. « Le romantisme est ce qui est malsain », disait Gœthe. Mais le mensonge romantique ne surgit pas par génération spontanée : il est constamment précédé et préparé par une fausse conception des rapports entre l'esprit et la vie, par un faux ascétisme ou un faux classicisme. Derrière la pourriture d'un Rousseau, il y a la rigidité inhumaine d'un Calvin... Là est en effet le faux-pas de tous les spiritualismes outranciers : on prétend refouler ou négliger la vie saine, on rend ainsi la vie malade, et cette vie malade corrompt et asservit l'esprit. Les idéals trop altiers pour tenir compte de la terre et de la chair se dégradent alors jusqu'à devenir des prétextes et des passeports à l'usage de la terre et de la chair : l'esprit n'est jamais si près d'être l'esclave de la vie que quand il s'en fait le tyran.

Il est hors de doute d'autre part que les morales et les cultures qui mettent trop l'accent sur les valeurs spirituelles et confèrent à celles-ci une dignité presque autonome favorisent par là le mensonge intérieur. En soi, certes, les choses de l'esprit l'emportent en réalité et en profondeur sur les choses de la vie : il est plus grand et plus vrai d'être un grand poète qu'un bon ouvrier, et la vocation d'une vierge consacrée à Dieu se situe au-dessus de celle de la meilleure mère de famille. Mais les valeurs vitales ont cet avantage qu'elles sont *sincères* : il n'est guère possible, par exemple, à un homme normal de se faire des illusions (et d'en donner aux autres) sur son degré de force et d'adresse physiques : dans ce domaine, les critères d'estimation sont trop faciles et trop précis ! Il n'en est pas de même pour les valeurs spirituelles : parce qu'elles sont immatérielles et se déploient pour une grande part dans l'invisible, elles échappent à tout contrôle précis et souvent même à tout contrôle objectif. Un mauvais poète peut se croire un génie méconnu, mais nul gringalet ne se prend pour un colosse ignoré ! Plus une activité humaine est élevée, plus il est difficile de la « connaître à ses fruits », tant ceux-ci sont mystérieux et lointains... Mais qui dit difficulté de contrôle, dit aussi invitation à la fraude. C'est l'amère tragédie des plus hautes valeurs humaines que d'être aisément falsifiables. Comment juger — si ce n'est avec le secours d'une rare et pénétrante sagesse, le recul du temps et d'une façon toujours contestable — de l'authenticité d'une vocation politique, artistique ou, à la limite, religieuse ? Aussi est-ce une démarche naturelle à beaucoup d'êtres dont l'impuissance ou la médiocrité éclateraient dans une activité sociale ordinaire que de se vouer, par compensation, au service d'idéals supérieurs : là, leur infériorité n'est plus susceptible de vérification immédiate et ils peuvent même, s'ils possèdent le don d'exprimer les réalités qu'ils ne vivent pas, obtenir de brillants succès passagers. Un mauvais menuisier ne réussira jamais dans son métier, mais un mauvais politique, un faux mystique peuvent illusionner les hommes sur leur compte et magnifiquement triompher, comme on ne le voit que trop tous les jours. Il est normal d'ailleurs que chez l'homme — être pour qui les réalités spirituelles, au lieu d'être l'objet d'une intuition directe, ne sont saisissables que par l'entremise des sens. — les valeurs les plus nobles soient aussi celles qui prêtent le plus le flanc au mensonge. Ce n'est là qu'une des nombreuses faiblesses de l'esprit *incarné* : elle a suscité, parallèlement aux faussaires de l'idéal, une légion de « démasqueurs » qui ont poussé la réaction contre le mensonge de l'esprit jusqu'à contester l'existence et la dignité des valeurs spirituelles.

Mais le dualisme vie-esprit ne joue pas forcément au profit de l'esprit. Il arrive aussi (et ces deux erreurs s'appellent l'une l'autre comme le jour et la nuit) que l'homme opte pour la vie contre l'esprit. Les mythes du retour absolu à la vie, à la nature ont fleuri à toutes les époques et de nos jours plus que jamais. C'est un des plus anciens rêves de l'homme que de donner congé à ses devoirs, à ses idéaux, à ses promesses pour s'abandonner au rythme de la bonne vie cosmique. Je crois qu'une bonne partie de la littérature contemporaine gravite autour de ce thème. Hélas! la loi d'unité et d'interdépendance entre l'esprit et la vie joue ici encore. Faire la bête ne réussit pas mieux que de faire l'ange : nous sommes des hommes. Et les prétentions autarciques des valeurs vitales aboutissent fatalement à la falsification de ces valeurs. L'esprit qu'on veut éliminer au nom de la vie se glisse au cœur de la vie et l'empoisonne. Ceux qui essayent de décapiter l'homme ne parviennent qu'à enfoncer sa tête dans ses entrailles, à le faire penser avec ses entrailles. Si l'on regarde de près la vie des ennemis de l'esprit et des valeurs morales et intellectuelles, on s'aperçoit vite que le moteur intime de leur révolte, ce n'est pas la vie prise dans sa simplicité animale, c'est encore l'esprit — un esprit honteux, camouflé qui se cherche lui-même à travers la chair et les sens. La révolte de la vie contre l'esprit se ramène à la révolte de l'esprit contre lui-même. Déçu par le faux ascétisme, l'esprit ramène vers les choses sensibles sa soif de domination et de savoir : il joue la carte de la vie! Combien d'hommes désirent le fruit défendu, non parce qu'il est doux (ce qui serait biologiquement sain), mais parce qu'il est défendu! Plus que d'attraction vitale, leurs péchés sont faits de curiosité spirituelle. Ils ne sont ni alogiques ni amoraux comme ils prétendent; ils construisent, sous le manteau de la vie, de la nature, de la volupté, une contre-logique et une contre-morale. Ils sont plus conventionnels dans leurs révoltes que les conventions qu'ils attaquent. Quoi de plus plat et de plus prévu que leurs caprices, de moins fantaisiste que leurs fantaisies? Ils sont conventionnellement spontanés, artificiellement naturels. Leur dernier masque, c'est d'aller nus. Freud, pour ne citer qu'un exemple, dont le pansexualisme n'est que l'expression doctrinale de l'hypertrophie sexuelle de l'homme moderne, n'a pas décrit l'instinct sexuel en tant que tel : cette sexualité qui selon lui gouverne entièrement l'homme apparaît tout imbibée de logique dégradée et sournoise, et Prinzhorn a pu voir avec raison dans son œuvre une immense tentative de rationalisation de l'instinct.

Ainsi le conflit livré à lui-même n'enfante qu'impureté et mensonge. L'esprit et la vie sont faits pour être *unis et distincts*. Les séparer, c'est les brouiller. L'unité trahie se venge par la confusion : la chair refoulée ressort sous le masque de l'esprit, l'esprit congédié reparaît sous le masque de la vie.

Il est, dans l'Évangile, un mot qui peut être interprété comme la condamnation des vaines luttes entre l'esprit et la vie : « Que l'homme ne sépare pas ce que Dieu a uni. »

L'idolâtrie, mère du conflit.

De quelque horizon qu'on regarde l'homme concret, on est frappé par ceci : cet être souffre d'une incomplétude foncière, rien ne le comble parfaitement, il erre vainement en quête de son tout.

On peut penser que cette insuffisance et cette tension sont sans issue et font partie de l'essence humaine : l'homme n'est qu'un grand désir ouvert sur le vide, il est condamné par nature à manger sa faim, son complément absolu n'existe pas. Ainsi ont conclu, depuis Héraclite jusqu'à Nietzsche et à Freud, tous ceux qui, incapables de saisir l'unité sous la division et Dieu sous l'homme, ont divinisé la guerre. Mais on peut penser aussi que ce stérile conflit qui habite l'homme n'est qu'un accident : cet étrange primate doué de raison ne saurait être, à la différence de tous les êtres cosmiques, une question sans réponse; son complément absolu existe, mais il en est incompréhensiblement privé. Par là, on revient à la doctrine du péché originel, c'est-à-dire, en prenant le mot dans son sens le plus métaphysique, à la conscience d'une rupture entre l'homme et sa fin.

Ce tout que l'homme mendie, nous savons, nous chrétiens, que l'homme l'a d'abord perdu. L'essence du péché originel réside dans le retranchement de l'homme en lui-même, dans la rupture avec Dieu. Rompre avec Dieu : expression banale et ressassée. Qu'on veuille bien sortir un moment de l'abstraction et du verbalisme et prendre ce mot Dieu dans son sens intime et affectif : Dieu, c'est la chose qui comble et qui rassasie, c'est la réalité en qui l'homme s'épanouit et se repose parfaitement. Et tout individu qui ne sent pas vivre en lui, fût-ce au milieu des pires douleurs, une impression d'achèvement et de sécurité suprêmes est plus ou moins séparé de Dieu, séparé de sa fin, et, du même coup, divisé intérieurement. Celui qui refuse un maître hors de lui-même n'est plus le maître de lui-même. La fin de l'homme, en effet, fait bloc avec l'essence de l'homme, et il n'est pas possible de supprimer la première sans déchirer la seconde. Comment un être qui n'est plus un avec sa source pourrait-il rester un en lui-même ? Autant vaudrait demander à une plante privée de lumière et d'eau de jouir de son harmonie végétale ! La séparation d'avec Dieu se poursuit fatalement en séparation intérieure : l'homme n'est en guerre avec lui-même que parce qu'il est seul avec lui-même.

Le processus générateur du conflit est facile à déterminer. La rupture avec Dieu ne supprime pas le besoin de Dieu, la soif de communier à quelque nécessité nourricière. L'isolement donne ainsi naissance à l'idolâtrie. Tout, dans l'homme séparé de Dieu, est appelé successivement à devenir Dieu. C'est une malédiction terrible qui pèse sur les fils d'Adam de ne pouvoir rien aimer que sous les espèces usurpées de l'absolu. Où qu'ils se tournent, c'est leur tout qu'ils cherchent et leur désir ne s'incline sur un objet qu'en le transformant en idole.

Or, les idoles sont par nature exclusives. Elles possèdent, pour me servir d'un terme à la mode, des appétits totalitaires. Elles répudient tout ce qui n'est pas elles. D'où le conflit... Celui qui met aux prises l'esprit et la vie — ces deux entités qui se partagent la nature humaine — est le plus central et le plus universel. Il se ramifie d'ailleurs en sous-conflits innombrables, car chaque partie, chaque aspect de l'homme peuvent devenir une idole. Sans quitter l'époque contemporaine, nous avons par exemple l'*homo sexualis* de Freud, l'*homo politicus* de Mussolini, l'*homo ethnicus* de Hitler, l'*homo œconomicus* de Marx, — autant de boursouflures idolâtriques d'un côté de l'homme, dont chacune se trouve en conflit avec tout le reste de l'homme qu'elle voudrait effacer ou résorber. Et ces conflits sont irréductibles parce que ce ne sont pas des réalités humaines qui s'affrontent, mais des substituts de Dieu, des idoles.

Mais les idoles, par nature aussi, sont décevantes. Aucune ne tient ce qu'elle promet, ou plutôt ce que l'homme lui fait promettre — et pour cause! De là procèdent leur multiplication et leur succession et ce passage, si insensé en apparence et si logique en profondeur, « d'un extrême à l'autre », qui a presque force de constante dans l'histoire des individus et des mœurs. La succession et le conflit des idoles est le signe de la fidélité de l'homme à l'idolâtrie, de sa constance dans l'isolement. « Il est d'usage, avons-nous écrit ailleurs, de voir, dans les excès humains, de simples réactions contre des excès antérieurs et opposés. Cette vue n'est pas erronée, elle est seulement un peu brève. Au fond, deux excès ennemis qui se succèdent ne sont que les deux épisodes d'une guerre unique contre l'unité, et, tranchons le mot, contre Dieu. Les idoles se haïssent certes, mais leur haine réciproque n'est que le reflet de leur haine commune... Les idoles ne luttent entre elles qu'en apparence; dans leur profondeur, elles sont toutes alliées contre Dieu. »

Cette impossibilité, inhérente à l'homme déchu et non réparé par la grâce, d'équilibrer harmonieusement les diverses parties et les diverses fonctions de son être est démontrée historiquement par l'incroyable fragilité de tout classicisme. Je ne crois pas qu'on ait jamais accordé à ce phénomène toute l'attention qu'il mérite : toutes les formations classiques par lesquelles l'homme a tenté, sans recourir à Dieu, de réaliser en lui l'ordre et l'harmonie (ce fut le cas par exemple du siècle de Périclès et du siècle de Virgile, et la Renaissance italienne et, dans une large mesure, du XVIIe siècle français), — ces formations qui, en raison même de leur équilibre apparent, semblaient vouées à une longue stabilité ont passé comme des éclairs, pour faire place à une nouvelle anarchie, à de nouveaux conflits. Ici-bas, c'est l'ordre qui est l'exception et le désordre la règle, et cela démontre le caractère factice de tout humanisme fondé sur l'homme : les classicismes apparaissent comme des trêves furtives et précaires au cours d'un inapaisable conflit. Un seul classicisme — ce mot signifie pour moi toute doctrine, tout état d'esprit qui vise à harmoniser, à unifier les multiples vocations de l'homme — a jusqu'ici résisté au temps : c'est celui de l'Église catholique. Mais l'Église n'a d'humain que son corps !

Il n'est donc pas, en réalité, de conflit entre l'esprit et la vie, il n'est que des batailles d'idoles. Que l'homme isolé de sa source adore son intelligence et sa volonté, ou que, déçu par l'esprit, il se retourne tout entier vers la terre et vers les sens, c'est Dieu qu'il demande successivement à chaque partie de lui-même. Ce ne sont pas l'esprit et la vie — choses relatives et complémentaires — qui s'excluent ainsi en lui, ce sont des fantômes, des ombres de l'absolu. La tragédie, c'est que ces batailles de fantômes se déploient précisément à la place *vidé* de l'absolu véritable.

La grâce contre le conflit.

Présenter le christianisme comme l'antidote du conflit humain peut paraître une gageure. L'homme antique, objectera-t-on, ne jouissait-il pas d'une plénitude et d'une harmonie intérieures bien plus grandes que celles de l'homme marqué. par le christianisme? Et le Christ n'est-il pas venu, suivant ses propres paroles, apporter ici-bas la guerre, allumer un feu sur la terre — attiser le conflit?

Ce paradoxe n'est pas insoluble. Remarquons d'abord qu'un certain néo-paganisme, très superficiel et très anodin, a beaucoup exagéré l'harmonie intérieure de l'homme antique. Ces Grecs pétris d'ordre et de sagesse, en qui la chair et l'esprit s'épanouissaient synergiquement et dont la vie s'écoulait comme un fleuve tranquille, ne sont pas autre chose qu'un mythe académique. L'homme antique était voué aux idoles, donc au conflit. Mettons à part l'humanisme — spéculatif plutôt que vécu au demeurant — d'un Aristote et passons en revue les produits de la culture et des mœurs antiques : qu'étaient par exemple l'homme « idéal » de Platon et de Plotin, l'homme-volonté des stoïciens, l'homme collectif de Sparte et de la première Rome, sans parler de l'homme présocratique aux prises avec les destins aveugles, ni de l'*homo animalis* de saint Paul, si ce n'est des êtres retranchés dans une partie d'eux-mêmes et en guerre avec tout le reste? Concédons toutefois — et là est la part de vérité qui a donné naissance aux fictions littéraires sur l'harmonie de l'âme antique — que l'idolâtrie des anciens était beaucoup plus saine et plus riche que l'idolâtrie moderne. Les anciens étaient comme nous en guerre avec leur nature, mais ils trouvaient dans ce combat une ivresse, un repos, une sécurité que nous ne connaissons plus. Leurs conflits ne présentaient pas ce caractère *immédiatement* épuisant et toxique que revêtent les conflits modernes : le péché n'avait pas encore corrompu en eux les couches profondes de la vitalité, et la nature, encore gorgée de réserves saines, supportait mieux qu'aujourd'hui les outrances et les folies. Les anciens réalisaient ce paradoxe de mettre beaucoup de plénitude humaine dans des situations inhumaines par essence. La vie et l'esprit pouvaient alors s'offrir le luxe de lutter à mort sans s'épuiser réciproquement (cette extraordinaire capacité de conflit s'est d'ailleurs prolongée — pour ne pas dire épanouie — dans l'humanité chrétienne : qu'on songe à l'histoire de l'ascétisme!). Aujourd'hui, de tels déchirements aboutiraient à une ruine totale. Il faut être riche pour supporter impunément la division intérieure. Demain, nous serons indivisibles — par excès de débilité! Le retour à l'unité s'impose comme une nécessité vitale. Les temps ne sont pas très loin, je crois, où la vie et l'esprit vont se trouver placés en face de la symbiose forcée de l'aveugle et du paralytique...

Dieu est esprit. Et le christianisme est une religion

de l'esprit. Mais cette plénitude spirituelle apportée à l'homme par le christianisme ne peut pas être opposée à la vie : la grâce « comprend » et assume la vie puisqu'elle sort de Celui qui a créé la vie. L'Incarnation du Verbe, la descente au cœur du monde sensible de l'esprit-pur, de l'esprit absolu — témoigne, avec une puissance ineffable, de cette proximité, de cette unité de l'esprit et des réalités vitales, qui est un des signes essentiels de la vérité chrétienne.

En même temps qu'elle arrache l'homme aux idoles, la grâce tend à l'arracher aux conflits. L'union avec Dieu se poursuit nécessairement en harmonie intérieure. Il ne saurait exister pour l'homme de salut partiel. Et le dogme de la résurrection de la chair suit nécessairement le dogme de l'immortalité de l'âme.

Il est facile, certes, de s'inscrire en faux contre cette thèse. Le christianisme semble en effet avoir introduit dans l'humanité les pires conflits. L'histoire de l'ascétisme chrétien est terrifiante, et, de tout temps, la morale chrétienne paraît avoir travaillé, en jetant l'anathème sur les sens et les passions, à avilir, à opprimer la vie. Forts de tels arguments, des penseurs comme Nietzsche et Klages ont vu dans le christianisme une « œuvre de mort », l'instrument d'une mutilation et d'un empoisonnement sans remède de la nature humaine.

Selon nous, le problème du « conflit chrétien » n'est pas univoque et peut être envisagé sous divers aspects très différents.

Il semble qu'un certain état de privation et de tension

intérieures constitue une condition favorable à l'éclosion et au développement du christianisme *affectif*. C'est ici tout le problème de l'*anima naturaliter christiana* qui se pose. Ses données et sa solution varient amplement suivant les temps et les personnes. Il n'est pas question de contester que l'équilibre et la plénitude bio-spirituelle puisse offrir en soi — et parfois en fait — un terrain propice aux manifestations de la grâce. Mais il n'est pas niable aussi que, chez l'homme tombé (c'est-à-dire privé de la connaissance et de l'amour spontanés de Dieu et voué aux idoles), trop d'harmonie et d'assurance terrestres jouent souvent, à l'égard de l'appel divin, un rôle d'obturateur et d'isolant. Si nous scrutons le tempérament affectif d'hommes tels que saint Augustin, Pascal, Baudelaire ou Dostoïevsky (je n'assemble ces noms qu'à cause du trait commun qui unit, pour différents qu'ils furent, les hommes qui les portaient : une ouverture naturelle de l'esprit et du cœur aux valeurs chrétiennes et, particulièrement, aux notions centrales de péché et de rédemption), nous trouvons à sa base un profond déchirement interne. Ce conflit qui « prédispose » au christianisme ne se confond pas précisément avec le conflit entre l'esprit et la vie : c'est quelque chose de plus profond encore : un sentiment d'insécurité, d'insuffisance de la nature livrée à elle-même, l'impossibilité de se reposer pleinement sur les choses de la terre et du temps, le désir supplicié d'une réalité absolue, à la fois absente et présente... Combien d'hommes se sont ouverts à la grâce parce que la nature se fermait à eux : leur chute

au-dessous d'eux-mêmes fut leur premier pas vers Dieu!
« Les publicains et les prostituées vous devanceront dans
le royaume des cieux. » Ces mots désignent les déchets
sociaux, mais ils peuvent s'appliquer aussi, dans un certain
sens, aux déchets psychologiques. Il serait certes exagéré
d'adopter cette définition du prédestiné que formule un
héros de drame : « Toi pour qui les idoles sont le plus
irrésistiblement attirantes et les plus creuses, toi que le
monde fascine et déçoit le plus, toi qui trouves la mort
partout où Dieu n'est pas! » Mais il reste vrai que la plaie
creusée dans une âme par l'insatisfaction et le conflit
peut, dans certains cas, servir de porte d'entrée à la
grâce. Nietzsche, boursouflant cette donnée concrète et
accidentelle en loi générale et explicative, n'a pas craint
de considérer le christianisme comme le produit spécifique de la dégénérescence vitale et du conflit intérieur :
le chrétien, dans son système, n'est plus qu'une « bête
malade »...

Indépendamment de ce conflit « préparatoire » au
christianisme, il existe un conflit pseudo-chrétien entre
l'esprit et la vie. Ici, l'histoire nous renseigne assez.
Bien des ascètes et des auteurs chrétiens ont poursuivi
les valeurs vitales, les choses de la terre et des sens, avec
une intransigeance incompatible avec la nature même du
christianisme. Ils donnent l'impression de chercher la
fin suprême de l'homme dans l'écrasement de la vie
plutôt que dans l'union à Dieu ou, du moins, de faire d'un
conflit sans recours entre l'esprit et la vie la condition
nécessaire de l'union à Dieu. Hélas! autre chose est le

message du Christ, autre chose l'usage qu'en font les hommes : beaucoup d'idolâtrie peut subsister dans une conscience chrétienne, beaucoup d'idoles peuvent être confondues avec le Dieu des chrétiens... Érigée en doctrine, la haine de la vie et du monde sensible a été poursuivie par l'Église comme une hérésie. Mais, à côté de l'hérésie doctrinale, fourmille l'hérésie affective et d'innombrables êtres, fidèles à l'Église par leur pensée, ont orienté leurs sentiments et leurs actions suivant une espèce de manichéisme pratique. A voir certains ascètes s'hypnotiser sur une lutte intérieure irréductible, on est en droit de se demander s'ils ont jamais connu l'*Autre* et la délivrance de l'amour ou si, tragiquement clos sur eux-mêmes, ils n'immolent pas simplement leur moi inférieur à leur moi supérieur? Il est bon cependant de se garder ici des jugements sommaires et prématurés : l'Église constitue, dans le temps et dans l'espace, un corps organique dont chaque élément ne peut être apprécié qu'en fonction de l'ensemble. Certaines erreurs comme l'hyperascétisme, privées — au moins ici-bas — de finalité individuelle, peuvent préparer des harmonies plus profondes, de mystérieux renouveaux et posséder ainsi une finalité historique et collective. Même ceux qui s'égarent font avancer la caravane — ne serait-ce qu'en servant à mieux souligner le droit chemin! Le mot de saint Paul sur la nécessité des hérésies, est sans doute plus vrai encore pour les hérésies affectives que pour les hérésies théoriques.

Il existe enfin le vrai, le sain conflit chrétien. Celui-là

ne détruit que du néant, il n'est mortel que pour la mort. Il met aux prises, non pas deux choses qui se complètent, mais deux choses qui s'excluent : non pas la vie et l'esprit, mais le vieil homme fermé sur lui-même et l'homme nouveau ouvert sur Dieu. La grâce lutte contre toutes les idoles, que celles-ci s'appellent vie (anarchie des sens) ou esprit (volontarisme ou rationalisme orgueilleux), — et nous avons vu déjà que ce dualisme est vain et que toute idole est à la fois vie et esprit et prend naissance, antérieurement à toute scission intérieure, dans le divorce entre l'homme et Dieu. La grâce vient rompre cet isolement : la guerre qu'elle introduit en nous est la seule guerre qui soit vraiment à base d'amour; ce n'est plus la guerre sans issue du moi divisé contre lui-même, mais la guerre libératrice de l'Autre contre le moi. Et la victoire de l'Amour, en réconciliant l'homme avec cet Autre qui est aussi son moi le plus profond (*interior intimo meo*, disait saint Augustin...), le réconcilie avec lui-même. Le conflit chrétien, c'est la lutte du tout contre la partie révoltée, c'est donc la guerre à la guerre. Combat qui, pour n'être pas sans issue, n'en reste pas moins vécu très souvent comme l'agonie la plus terrible qui soit, car la guerre et le mensonge sont installés si profondément en nous qu'ils usurpent les apparences de la paix et de la santé. Le conflit chrétien est essentiellement libérateur, il débouche sur l'unité et la délivrance de l'homme.

Le christianisme balaie l'esprit-idole et la vie-idole qui s'opposent et se confondent. Il enseigne aux âmes

les voies distinctes mais convergentes de l'esprit et de la
vie authentiques; il donne vie aux choses de l'esprit et
spiritualise les choses de la vie.

L'esprit chrétien est aussi vie. Il est très instructif de
constater qu'une certaine sagesse commune à tous les
âges et à tous les peuples voit une espèce d'antinomie
entre vivre selon l'esprit (c'est-à-dire en se conformant
à la raison et à la morale) et vivre tout court. Ce préjugé
éclate dans maintes locutions très populaires comme
« vivre sa vie », « faire la vie », etc. Cette dernière formule est très curieuse : si ceux qui repoussent les régulations de l'esprit et se livrent au vice « font la vie », que
font donc les gens vertueux? La mort, sans doute. Ce
sous-entendu est plein de charme. Il n'est pas du reste
sans fondement. Pour l'homme — cet être si enfoncé
dans la création matérielle dont il synthétise en lui tous
les degrés et qui participe si maigrement à l'esprit —
et, *a fortiori*, pour l'homme isolé de Dieu, il est normal
que les choses de l'esprit revêtent un caractère artificiel
et décoloré qui les apparente à la mort. Il faut se con-
traindre pour apprendre à lire ou à agir selon l'éthique.
Mais on n'apprend pas à voir ou à sentir! L'esprit ici-bas
manque de vie parce qu'il manque de maturité. Or, la
maturité de l'esprit, c'est l'amour de l'esprit. L'esprit
ne vit que lorsqu'il aime. Et il n'aime en vérité qu'en climat chrétien. Hors de la grâce, ce qu'on appelle amour
de l'esprit me paraît être souvent — ce qui est très différent — la collusion d'une attitude intellectuelle et d'une
ivresse sensible, et la fragilité de ces sentiments révèle

assez leur manque de vraies racines spirituelles. Le christianisme seul apporte à l'homme l'amour de l'esprit en tant qu'esprit. Qui n'a pas connu cette effusion universelle, cette communion immédiate à l'immatériel, cette indépendance royale de l'amour à l'égard des contingences sensibles et individuelles ne sait rien de cette *tendresse de l'esprit* qui est l'essence du christianisme. Chez le saint, la vie de l'esprit devient chaude et directe comme une sensation, la vertu est spontanée, « naturelle », gorgée de sang et de sève comme une effusion biologique, la loi est une fleur qu'on respire, une liqueur dont on s'enivre (cf. Psaume 119). Et cette vie de l'esprit ne peut pas haïr la « vie ». L'amour chrétien est un amour spirituel, mais un amour *incarné*. Il s'incline sur la chair et les sens, non pour les opprimer, mais pour les imprégner jusqu'au fond de sa propre pureté. Ce n'est pas de la vie, c'est de Dieu qu'il tire sa plénitude essentielle, mais il associe la vie à cette plénitude. Deux textes de l'Écriture illustrent cette parfaite unité de la vie et de l'esprit, cette chose impossible aux hommes et possible au seul Créateur : *Dieu est esprit* et *Dieu est amour*.

Mais la vraie chair est aussi, en un sens, esprit. Il est, pour la sensibilité de l'homme, deux façons de faire obstacle à l'esprit. La première tient à l'excès d'exubérance d'une vitalité encore mal dégrossie (c'est le fait des primitifs et des jeunes gens qu'agite une aveugle fougue passionnelle); la seconde procède au contraire de l'affaiblissement des puissances vitales qui, privées de leur épanouissement naturel, singent maladivement l'esprit et empiètent sur son domaine. « La chair qui nie Dieu (c'est-à-dire la chair qui se refuse aux régulations de l'esprit) est une chair malade, une chair qui rêve », a-t-on dit fort justement. Dans l'un et l'autre cas, la vitalité trahit sa vraie dimension *humaine*. Les instincts et les passions de l'homme sont faits pour l'esprit : leur état normal, c'est d'être ouverts et transparents à cette force immatérielle qui les complète et qui les couronne. Mais l'esprit divin est seul assez fort et assez riche pour dominer et couronner la vie et la rendre ainsi à son vrai destin. D'une part, il tempère la violence anarchique des passions encore enrobées d'animalité, de l'autre (et dans notre siècle d'épuisement vital, c'est là son bienfait le plus nécessaire), en apportant à l'homme la vraie plénitude de l'esprit, il rend inutile et fait s'écrouler de lui-même le mimétisme spirituel de la sensibilité viciée, il écrase les phantasmes de l'imagination sous une réalité plus douce et plus belle que tous les rêves, et, par là, il assainit la chair, il la replace dans sa fonction normale qui est, non de jouer à l'esprit, mais de communier à l'esprit en restant elle-même. *Et omnia adjicientur vobis...* Celui qui cherche avant tout la santé spirituelle reçoit par surcroît la santé animale, et c'est à travers l'ange reconquis que nous retrouvons en nous une bête saine.

Mais cette unité, terme normal du conflit chrétien, peut être trahie de deux manières. Autrement dit, le conflit chrétien peut aboutir à un double échec.

Il existe d'abord — nous avons déjà insisté sur ce

point — un hyperascétisme qui, au lieu de travailler à transfigurer la vie, s'acharne à la défigurer. Certains ascètes semblent condamnés à ne sauver qu'un fragment d'eux-mêmes; ils refusent l'unité, ils divinisent le conflit. C'est une chose terrible que l'instinct ascétique qui se déploie hors du service immédiat de l'amour; alors, ce n'est plus l'attente du vin, c'est le vertige de la destruction qui meut le pressoir; la mort, servante d'une vie plus haute dans l'ascétisme normal, est pour ainsi dire abandonnée à elle-même. Mais, à côté de cet ascétisme qui sépare sans appel la vie et l'esprit, on observe une tendance non moins dangereuse à les unir trop vite et trop bas. Le quiétisme (ce mot déborde pour moi son acception théologique) consiste à vouloir réaliser la synthèse de la vie et de l'esprit, de la nature et de la grâce avant que l'homme ait atteint le degré de pureté suffisante. Le résultat n'est pas l'unité, mais la falsification réciproque des valeurs vitales et des valeurs spirituelles. Cette fausse paix est plus malsaine encore que l'adoration de la guerre. Le faux ascétisme, du reste, engendre fatalement le quiétisme : la rigidité cadavérique précède et prépare la pourriture. On n'est jamais si près — et pour cause! — de renoncer au combat et de s'effondrer dans une paix sans victoire que lorsqu'on croit la guerre irréductible. Celui qui, par exemple, voit dans la chair une chose intrinsèquement mauvaise et réfractaire à l'esprit, le jour où la tension ascétique se relâchera en lui, tombera lourdement, misérablement dans la chair : sa conception dualiste de l'homme tue d'avance en lui tout effort de transfiguration et de synthèse. Là est la source du statisme, de l'inertie quiétistes. Qu'il aboutisse, comme chez les cyniques grecs ou les Manichéens, à l'étalage d'une sensualité brutale ou, comme chez les quiétistes chrétiens des temps modernes, aux manifestations sournoises d'une vitalité corrompue sous le masque de valeurs religieuse (humilité, simplicité, abandon), dans les deux cas, le faux ascétisme porte un fruit commun : l'homme est dispensé de l'intégration spirituelle de ses instincts; à l'unité de la vie et de l'esprit se substituent la coexistence ou la confusion. Qui veut faire uniquement l'ange fera lourdement la bête : il a trop considéré la bête en lui comme une étrangère, il l'a repoussée trop loin de son centre pour pouvoir l'apprivoiser, la surélever encore. L'étroitesse et la constance des liens historiques entre la tension du faux ascétisme et la détente quiétiste confirment d'ailleurs cette thèse.

S'il nous est permis maintenant de porter un regard d'ensemble sur l'état présent et le proche avenir de la spiritualité catholique, nous observons d'abord — et cette remarque n'est pas nouvelle — que cette spiritualité témoigne d'un « élargissement des voies du Seigneur », d'un mouvement de descente du sacré dans le profane, de l'éternel dans le temporel, de l'esprit dans la vie, encore inédit au cours de l'histoire. Ce mouvement a son côté psychologique et son côté social : d'une part, la grâce tend de plus en plus à imprégner et à surélever les valeurs naturelles et vitales, de l'autre, le christianisme affectif et même mystique se répand progressivement dans l'humanité laïque et vouée aux besognes temporelles. Les choses de la terre et de la chair, enfin reconnues et adoptées par l'esprit, n'ont plus besoin de se cacher dans les ténèbres ou de se produire sous des masques; les passions et les instincts (je songe ici en particulier à l'instinct sexuel qui a donné naissance à tant de contraintes et de quiproquos) peuvent se déployer simultanément dans leur pureté biologique et en pleine communion avec l'amour spirituel. Il semble qu'une unité nouvelle essaye de se faire jour à travers les ruines de l'âme moderne. Le regard, la bénédiction de l'esprit atteignent les dernières profondeurs de la nature; l'homme tout entier est restitué à Dieu. Déjà, le sentiment du sacré, le tremblement et l'effusion mystique auréolent les réalités les plus terrestres. Sans doute, la sainteté catholique fut toujours profondément humaine, mais force est bien de constater, dans l'âme de la plupart des saints du passé, une tension exagérée entre le vital et le spirituel, une certaine incapacité d'unir la plénitude divine à l'exercice normal de certaines facultés biologiques et, spécialement, à la vocation du mariage. Demain, se lèvera peut-être un nouveau type de sainteté où les amants de Dieu seront hommes jusqu'au bout...

Mais gardons-nous de dissocier le présent du passé. Cette nouvelle forme de spiritualité qui semble se dessiner aujourd'hui est le fruit de tous les efforts, de tous les déchirements qui l'ont précédée. J'ai toujours pensé (mais ce thème exigerait de longs développements et ne peut être qu'effleuré ici) que l'évolution humaine du christianisme comportait, au-dessus des « nuits » décrites par les mystiques, qui purifient l'amour divin dans les individus, des « nuits historiques », de vastes épreuves à l'échelle de l'humanité, à travers lesquelles s'élaborent de nouveaux âges de spiritualité. La première génération chrétienne, enivrée de *l'image* du Christ, de l'écho charnel de sa voix et de l'attente immédiate de la fin des temps, connut, pour ainsi dire, la plénitude sensible des commençants. Puis, vint la nuit des sens, le reflux de l'amour vers l'esprit. Mais l'esprit au moins — et cela dura tout le moyen âge — était fermement, sainement attaché à Dieu. Enfin, à partir de la Renaissance, déferla, sur le monde chrétien, la nuit de l'esprit.

Quoi qu'il en soit de ce schème, si nous essayons de comparer, sous le rapport des relations entre la vie et l'esprit, la spiritualité chrétienne d'hier et celle qui s'annonce pour demain, nous observons l'évolution suivante. La fuite, le retrait ascétiques à l'égard de la vie et des réalités temporelles sont en voie de transformation; des conditions d'existence exceptionnelles, un renoncement absolu à l'exercice de certaines facultés naturelles deviennent des conditions, je ne dis pas inutiles, mais de moins en moins *nécessaires* aux contacts profonds avec Dieu, à la pleine immersion de l'âme dans la charité. Un saint peut être un homme absolument normal, je veux dire un être nullement surhumain. Aujourd'hui — et ce phénomène reconnaît une double cause : une prise de conscience plus profonde de Dieu et de nous-mêmes qui nous préserve d'emblée de certaines confusions et aussi un épuisement considérable du tonus vital, qui ne nous permet plus les grandes tensions ascétiques — l'humanité tend à éliminer, non seulement le résidu anti-naturel, mais encore l'élément d'héroïsme charnel qui faisaient si souvent corps avec la sainteté des anciens âges. Une dissociation profonde est en train de s'opérer entre le surhumain et le surnaturel [1]. Thérèse de Lisieux — moniale cloîtrée dont l'influence rayonne dans toutes les couches du monde laïque — semble, dans la crise actuelle, faire le pont entre les deux « styles » de sainteté que nous avons décrits. Sa doctrine nous paraît devoir jouer, dans l'histoire de la spiritualité chrétienne, un rôle analogue à celui de saint Benoît à la fin des temps antiques.

Cette nouvelle spiritualité, par le fait même qu'elle est plus ouverte, plus accueillante à la nature et aux sens est aussi beaucoup plus indépendante dans son essence à l'égard de la nature et des sens, beaucoup plus dépouillée de complicités charnelles. Là où naît l'unité, meurt la confusion. Celui qui ignore ou refoule en lui la vie sen-

---

1. Nous nous abstenons de porter ici des jugements de valeur sur ces diverses formes de spiritualité. Leur essence est une d'ailleurs. Le même Dieu habite, sous des modalités différentes, dans l'âme de tous les saints. Nous constatons seulement que la sainteté tend à s'humaniser et à s'universaliser. Ce qui ne signifie nullement à s'affadir! L'ascétisme et la croix ne seront jamais évacués des formes supérieures de la vie chrétienne, mais l'héroïsme et le sacrifice, au lieu d'aboutir à des réalisations surhumaines, s'inséreront de plus en plus dans les cadres de la vie quotidienne et normale. C'est la « fidélité dans les petites choses » prêchée par Thérèse de Lisieux. Nous pensons même qu'ainsi la folie de la croix, loin d'être éliminée, imprégnera plus profondément la vie et l'action humaines. Plus l'homme s'ouvre à lui-même et au monde, plus certes il s'ouvre à des joies, mais plus aussi, s'il veut accorder ces joies à l'amour suprême, il s'ouvre à la croix.

sible l'incite par là à revêtir un déguisement sacré, à s'assouvir insidieusement sous le couvert de l'élan spirituel. De là naissent ces blocages impurs de sensualité et d'esprit dénoncés par tant d'auteurs ascétiques. Mais celui qui regarde toute sa nature en face, celui surtout qui vit les choses de la terre dans leur réalité spécifique ne peut plus confondre en lui la terre et le ciel. Si peu qu'il donne à Dieu, il ne donne pas de fausse monnaie. Moins l'esprit se fait le tyran de la vie, moins il risque d'être sa dupe [1].

Un vaste mouvement intellectuel en faveur de la spiritualisation des choses du corps et de la vie se dessine d'ailleurs actuellement dans le monde catholique. L'heure est à la réhabilitation de la nature... Et ce n'est que justice. Nous voudrions toutefois prévenir sur ce point quelques illusions possibles. Autre chose est parler de la synthèse de la nature et de la grâce, autre chose la réaliser dans sa vie. Certains apôtres de la spiritualité de la nature manquent un peu, par le fait même de leur vocation religieuse, d'expérience personnelle à cet égard. Or, si la vie à l'écart de certaines réalités charnelles favorise, dans les natures fermées et tendues, le « mauvais œil » envers ces réalités, elle favorise aussi, dans les

---

1. Ces remarques, bien entendu, ne sauraient porter atteinte à la dignité (et, dans certains cas, à la nécessité) de l'abstention à l'égard du plein exercice de certaines puissances vitales et, spécialement, de la vie sexuelle. Dans cet ordre, le sacrifice absolu (célibat ecclésiastique et religieux) constituera toujours un puissant moyen d'union à Dieu. Au reste, une vie conjugale d'union à Dieu implique aussi le sacrifice et la lutte. Nous pensons seulement que cette lutte, dans l'un et l'autre cas, tend de plus en plus, et c'est un grand bien à s'opérer en toute simplicité et pleine lumière, à se libérer du faux-absolu et, du faux-mystère qui l'oppressaient si souvent jadis.

âmes ouvertes et généreuses, bien des illusions sur la pureté de la chair et sa transparence à l'esprit. Ceux qui sont allés jusqu'au bout de la profonde et misérable nature humaine savent combien la chair est riche et quels ineffables colloques elle soutient avec l'âme et Dieu mais ils connaissent aussi son opacité, sa pesanteur et sa résistance à l'esprit. Si ardent que soit leur sens de l'unité, ils ne peuvent pas oublier le terrible dualisme qui ronge l'homme. Il est noble et bienfaisant certes de prêcher à la jeunesse l'assomption harmonieuse de la chair par l'âme et du devenir par l'éternité, mais cette prédication n'est parfaitement saine que si l'on révèle simultanément aux hommes combien glissants sont les sentiers de la vie, ce que la passion d'aujourd'hui peut faire du serment d'hier et jusqu'à quel point, demain peut-être, l'éternel ressemblera pour eux à la mort. Par là, on les prépare d'avance à lutter pour la défense de leur idéal. Sinon, l'on risque de susciter une génération d'utopistes à laquelle succédera demain une génération de blasés et de négateurs. Cette unité parfaite entre la chair et l'esprit doit être présentée, non comme une fleur qu'on puisse cueillir en se courbant, mais comme une *stella rectrix* vers laquelle on doit marcher sans se lasser à travers toutes les déceptions et toutes les nuits. Tant d'êtres ont renié leur idéal et perdu leur âme pour avoir voulu étreindre l'étoile qui ne leur était donnée que pour les guider.

On le voit : le conflit ne mourra jamais dans l'homme. Ce que nous condamnons, ce qu'il importe de liquider au plus vite, ce n'est pas l'ascétisme, c'est l'idolâtrie de l'ascétisme.

« Le secret de vivre gai et content, écrit Pascal, c'est de n'être en guerre ni avec Dieu ni avec la nature. » Le vrai Pascal est là : un Pascal qui déborde et condamne le jansénisme et communie à saint Thomas. Ces deux « paix » que prêche Pascal sont du reste inséparables. Celui qui n'est pas en paix avec la nature ne peut pas être pleinement en paix avec Dieu, car Dieu est l'auteur de la nature et la nature en nous porte la grâce. Et, réciproquement, celui qui est en guerre avec Dieu ne peut pas être en paix avec la nature, car la nature n'est pas une réalité isolée et autonome, mais une urne tendue vers les eaux divines, une imploration à la grâce. La grâce a besoin de la nature, et la nature a besoin de la grâce. Les opposer, c'est pour ainsi dire introduire un déchirement en Dieu même : l'*image* de Dieu qu'est la nature et la *réalité* de Dieu qu'est la grâce sont faites pour s'unir au sein du même amour.

Nous l'avons vu : le vrai conflit n'est pas entre la vie et l'esprit; il est entre le oui et le non, la communion et l'isolement, Dieu et l'idole. Et le dénouement du conflit ne consiste pas à choisir entre l'esprit et la vie qui ne sont que des parties de l'homme, mais à opter pour l'amour qui est le tout de l'homme. Dans cet amour, la vie et l'esprit, la grâce et la nature se rejoignent pour l'éternité. Celui qui n'aime pas Dieu jusqu'à son œuvre n'aime pas Dieu, et celui qui n'aime pas la nature jusqu'à Dieu n'aime pas la nature. Tout amour venu à maturité, rendu à lui-même, rejoint l'Amour.

Sans doute, il a été dit : « Si ton œil te scandalise... » Mais l'œil ici désigne l'idole — c'est-à-dire la séparation, l'abstraction — de sorte que l'arracher, c'est encore lutter pour « ne pas séparer ce que Dieu a uni ». Et c'est ainsi que s'identifient les deux préceptes en apparence antagonistes de l'Évangile : l'amour et son unité s'annexent tout dans l'homme, même le conflit. Le Christ ici-bas n'est pas venu détruire la guerre, il est venu asservir la guerre à la paix.

II

Le sens et l'esprit

Qu'est-ce que la sensibilité, cette partie de notre vie de relation immergée dans la chair et intrinsèquement dépendante de celle-ci? « Nous sentons avec les bêtes, nous pensons avec les anges », a dit un Père de l'Église. La formule prête à équivoque. Pratiquement, il n'existe en nous ni vie animale ni vie spirituelle à l'état pur. Notre sensibilité est celle d'un être spirituel, notre esprit est celui d'un être sensible; la loi la plus centrale de notre nature, en même temps qu'elle incline notre esprit vers la chair, exhausse notre chair vers l'esprit. Cette loi ontologique se vérifie rigoureusement dans le domaine de l'action. En toute rigueur de termes, nous ne connaissons ni actes sensitifs ni actes spirituels, nous ne connaissons que des actes *humains*. L'opération la plus lourdement charnelle (le fait de manger par exemple) implique un certain consentement et une certaine délectation de l'esprit; réciproquement la plus noble activité spirituelle s'appuie sur un minimum de résonance sensitive. Même la nuit des sens est quelque chose de « senti ». Il y a une expérience de l'absence. Psychologiquement, tout ce que nous pouvons affirmer en cette matière se ramène à ceci : il n'est pas d'acte humain où les sens et l'esprit se manifestent isolément, mais, parmi ces actes humains, tous mêlés de sensibilité et d'esprit, les uns penchent et polarisent du côté des sens, les autres du côté de l'esprit. Quand nous parlerons de sensibilité, nous aurons donc en vue, non pas une chimérique sensibilité pure, mais la composante sensible des actes humains.

L'antagonisme entre l'esprit et les sens.

La plus élémentaire expérience intérieure nous révèle deux réalités en apparence contradictoires : l'ineffable unité de la sensibilité et de l'esprit, l'indécomposable synthèse de leurs manifestations, et corrélativement, leur antagonisme. L'histoire individuelle et collective des hommes nous enseigne que la force, la liberté, la pureté de l'esprit s'achètent au prix d'une amère discipline de la vie des sens. Grandeur humaine et ascétisme sont indissolublement liés. Le christianisme, qui fait fleurir jusqu'en Dieu la vie de l'esprit, met l'accent, plus que tout autre idéal de sagesse et d'héroïsme, sur cet antagonisme entre l'âme et la chair, le vieil homme et l'homme nouveau. Aux yeux d'un apôtre, d'un idolâtre de la « vie » comme Nietzsche, l'histoire chrétienne apparaissait à juste titre comme un immense crucifiement de la joie et de l'amour sensibles. Pour peu qu'on fasse dévier dans un sens spéculatif les formules des ascètes et des docteurs chrétiens, on aboutit à une interprétation dualiste de la nature humaine [1]. A vrai dire, l'habitude que nous avons de ce paradoxe nous en voile la profondeur. Ce conflit, au sein même d'une solidarité absolue, a quelque chose de foncièrement déroutant. Comment un antagonisme aussi radical est-il possible entre deux forces inséparables, interdépendantes, substantiellement unes?

On accuse le péché originel. Loin de nous la pensée d'en sous-estimer les méfaits! Mais une explication *totale* du conflit humain par la chute procéderait vraiment d'une réflexion trop indolente. Si Adam vivait au-dessus de tout conflit, c'est moins en raison de l'intégrité de sa nature que des dons préternaturels dont cette nature était revêtue. *Per peccatum homo fit tantum homo* [2]. Le conflit entre les sens et l'esprit ne relève pas uniquement de motifs moraux (chute originelle); il s'enracine dans la constitution ontologique de l'homme. Nous ne savons pas ce que serait l'homme à l'état de pure nature (c'est-à-dire également soustrait aux maux du péché et aux bienfaits de la grâce); mais nous pouvons affirmer que, dans cet être si complexe et si dis-

---

1. Un grand nombre d'hérésies religieuses et d'aberrations philosophiques proviennent de ce que leurs auteurs n'ont pas su surmonter, au moins spéculativement, le conflit humain. Ceux qui prirent parti pour l'esprit virent dans le monde des sens une zone impure, démoniaque de l'existence (manichéens et autres hérétiques); ceux qui prirent parti pour les sens traitèrent l'esprit en « parasite de la vie » (Freud, et, dans un sens plus noble et plus profond, Nietzsche et Klages).

2. Cet aphorisme augustinien ne nie pas les blessures profondes de la nature consécutives au retrait de la grâce originelle. Concrètement, l'homme qui « n'est plus qu'un homme » est déjà moins qu'un homme.

parate, foyer substantiel où tous les éléments du monde sensible et l'immatérielle pensée viennent converger, une certaine tension entre les sens et l'esprit serait inévitable. La notion (analogique) de conflit se vérifie en effet à tous les étages de la création matérielle[1]. Il serait facile de multiplier ici les exemples (électricité positive et négative en physique, tension entre le nerf vague et le nerf sympathique et à l'intérieur du système endocrinien en biologie, etc.). Mais le conflit n'a rien d'une réalité autonome et définitive; il ne constitue qu'un « moment » subordonné de l'existence : les antagonismes, les oppositions sont dominés, dans tout ensemble substantiel normal, par une paix et une harmonie centrales. Ainsi limité et intégré, le conflit est sain et fécond. Mais quand se relâche le lien substantiel de l'être, quand la tension interne n'est plus tempérée et asservie par une finalité supérieure, l'individu, consumé par l'anarchie, descend vers la mort. Nous pouvons distinguer par là deux sortes de conflit : l'un est positif,

---

1. Aristote et saint Thomas ont pressenti plutôt la face négative de ce problème en soulignant la tendance à la dissociation inhérente aux éléments de tout composé corruptible. Mais ils n'ont pas assez remarqué la fonction positive et féconde du conflit. C'est une des gloires de Nietzsche d'avoir, en quelque sorte, réhabilité la guerre. Malheureusement, la métaphysique de la « Volonté de puissance » s'arrête au conflit comme à une réalité suprême et débouche ainsi très logiquement sur la divinisation du chaos. Toute cette métaphysique de la guerre serait à reprendre du point de vue chrétien. La guerre n'est pas, comme l'ont pensé Héraclite et Nietzsche, la « Mère de tout ». C'est l'amour qui est à la racine du monde. Mais les harmonies d'ici-bas se nourrissent de guerre latente et subjuguée. Toute paix *terrestre* conserve quelque chose d'une *paix armée*. Il y aurait beaucoup à dire, en fonction de cette loi générale de la nature corruptible, sur certaines formes tragiquement irréalistes du pacifisme moderne, soit dans l'ordre politique (culte ovin de la paix), soit dans l'ordre moral (idéal d'une paix et d'une harmonie intérieures sans ascétisme).

organique, l'autre négatif, « corrupteur »; le premier tend à servir la synthèse vitale, le second à la ruiner.

Que nous enseigne maintenant le dogme chrétien? Que la nature humaine a été *blessée* par le péché originel. Blessée, c'est-à-dire livrée, non plus seulement dans l'ordre physique, mais jusque dans les profondeurs de son être spirituel et moral, à l'attraction de la mort, — jetée en pâture au conflit dans ce qu'il a de malsain, de négatif, de dissolvant. La dissonance entre la vie sensible et l'esprit qui, normalement, devrait tendre à épurer les sens et à tremper la volonté aboutit au découronnement de l'homme, à la prostitution de l'esprit aux appétits inférieurs. Nous pourrons donc conclure : la chute originelle a désaxé, « dénaturé », tourné vers la corruption et le désordre, la tension entre les sens et l'esprit essentiellement inhérente à la nature humaine.

Le double aspect de la vie sensitive.

Un conflit absolu entre les sens et l'esprit n'est pas concevable : entre deux forces essentiellement complémentaires, la tension ne peut être que relative. La « volonté nue » est, psychologiquement, un mythe. Même dans ses luttes les plus âpres contre les sens, l'esprit est obligé de s'appuyer sur les sens! Il ne lutte pas contre la sensibilité prise dans son ensemble, il opère plutôt comme une scission à l'intérieur de celle-ci; il combat *avec* certains éléments sensibles adaptés, alliés à son idéal *contre* d'autres éléments sensibles indifférents ou opposés à cet idéal. Il existe en effet, dans la sphère de l'affectivité sensible, des émotions et des tendances qui nourrissent l'amour spirituel et d'autres qui l'inhibent ou le flétrissent. C'est un des grands mérites de Klages d'avoir attiré l'attention sur ce double aspect de la sensibilité humaine. Contempler un beau paysage, vibrer à l'audition d'un chef-d'œuvre musical, évoquer, sans l'ombre d'un vœu charnel et comme à travers un nimbe d'inaccessible pureté, l'image d'une personne aimée, — l'ivresse issue de ces actes est certes profondément sensible [1]; il n'en reste pas moins que la sensibilité qui se manifeste ici, loin d'être un obstacle à l'essor de l'esprit [2], en est l'inévitable complément et la sève nourricière. Prenons au contraire d'autres mouvements sensitifs : par exemple la joie charnelle de manger, une brutale tentation sexuelle, le bouillonnement d'une colère animale, etc. : ces mouvements nous apparaîtront comme étrangers et hostiles, non seulement à nos idéals spirituels, mais encore aux profondes et délicates vibrations sensitives dont nous venons de parler. Il importe donc de distinguer, à l'intérieur de notre être sensitif, un « pôle » épuré, aérien, « pneumatique » et un pôle charnel, terrestre, au sens péjoratif de ces mots. Le premier transcende l'animalité, le second par

1. Nous ne méconnaissons pas la part de l'esprit dans ces actes. Mais ce qui prouve l'importance et le rôle *déterminant* de la composante sensitive dans leur texture *qualitative*, c'est que l'esprit ne peut provoquer *ad nutum* de telles vibrations, comme il le fait par exemple quand il s'agit de résoudre un problème d'arithmétique ou de prendre une décision volontaire.
2. Que cette sensibilité supérieure puisse à son tour s'opposer aux ascensions spirituelles (surtout dans l'ordre surnaturel), nous ne le contestons pas. Elle n'en demeure pas moins « accordée » par essence à l'amour spirituel. Tout ce qui est humain en nous (y compris l'esprit) demande à être purifié pour s'unir à Dieu.

l'égoïsme, l'âpreté, la tyrannie vampirisante des tendances dont il est la source, nous ravale souvent au-dessous de l'animalité.

Nous n'ignorons pas que ces deux aspects de la vie sensitive peuvent se fondre concrètement suivant une infinité de nuances (l'amour conjugal réalise parfois merveilleusement cette fusion); nous soutenons seulement qu'il existe toujours entre eux, dans l'ordre de l'expérience vécue, une certaine hétérogénéité, et même une certaine tension, un certain jeu de bascule. Les formes supérieures (morale, esthétique, religieuse) de la sensibilité — ce frémissement spontané, prérationnel qui s'empare de l'âme en face d'un exemple de vertu, d'une œuvre d'art ou d'une vérité surnaturelle — ne tardent pas généralement à se faner dans l'être livré aux voluptés de la chair. Beaucoup de jeunes filles, par exemple, ont vu s'altérer, au contact des satisfactions « réalistes » du mariage, le pur et délicat coloris de leur affectivité virginale. L'euphorie, le rassasiement de la chair ont, en général, quelque chose qui déflore, qui vulgarise. Toutes les âmes vouées à la vie intérieure — nous passons ici à la limite, qui est au reste notre objet principal — savent différencier instinctivement les états sensitifs qui alimentent la vie mystique de ceux qui la perturbent. Toute question de réflexes et de préjugés imposés *a priori* par la tradition et l'éducation mise à part, est-ce par hasard que la plupart des âmes religieuses possèdent une sorte d'aversion ou d'éloignement instinctifs à l'égard des choses qui se rapportent à la vie sexuelle? Il y a dans cette aversion plus que la répulsion de l'homme moral vis-à-vis du péché : il est hors de doute que des péchés théologiquement plus graves sont « vécus » avec moins de trouble intérieur; il y a surtout ceci : le mystique sent que les émotions, les « tentations » charnelles menacent directement en lui un certain état cénesthésique [1] (sorte de « tremblement voilé », de toucher en profondeur), lequel, sans se confondre avec l'expérience religieuse prise dans sa spécificité spirituelle, en est comme le substrat matériel. On a pu railler la « phobie » chrétienne à l'égard des voluptés de l'instinct; on a trop oublié de quelle réceptivité sentimentale à l'égard des réalités surnaturelles, cette attitude négative a pu être, existentiellement, la condition. Considérée isolément, jugée d'après son être et non d'après sa fonction, rien n'est étroit et rebutant comme une digue. Mais elle assure aux eaux du fleuve qu'elle borde la limpidité et la profondeur!

Excursus historique.

Nous avons donc discerné deux faces à l'intérieur de notre vie instinctive : l'une qui « cherche » l'esprit avec ses riches antennes qualitatives, l'autre — siège d'émotions plus intenses, mais plus banales et plus brutales — qui fuit et perturbe l'esprit. La première favorise la synthèse humaine, la seconde lui fait obstacle. L'expérience nous enseigne assez la résistance, l'excentricité de la

---

1. Nous employons le mot cénesthésie, non pas dans son sens courant de sensibilité organique, mais dans le sens beaucoup plus étendu de sensibilité intérieure, de *conscience affective*.

composante charnelle de la vie sensitive à l'égard des buts suprêmes de l'esprit.

Pourquoi cette scission? Est-elle essentielle à la nature humaine? A-t-elle toujours existé? Nous touchons ici à un très grave problème de psychologie historique, dont nous ne pouvons qu'esquisser, d'une façon très grêle et très incomplète, la solution.

Remontons aux premiers contacts personnels entre Dieu et les hommes que nous rapporte l'histoire, au temps des Patriarches par exemple, et nous verrons qu'alors la plus large satisfaction des instincts (la plénitude de la vie sexuelle en particulier) s'harmonisait avec l'expérience religieuse la plus authentique. De grands serviteurs de Dieu comme Abraham, ou plus tard David, ne songèrent pas à comprimer leurs instincts charnels pour sauver ou développer leur vie spirituelle (les mortifications sensibles que s'imposaient parfois de tels saints avaient une finalité purement extérieure et accidentelle; elles visaient à expier une faute ou à obtenir une grâce; elles ne constituaient pas comme aujourd'hui une méthode, une règle de vie en vue d'assurer l'équilibre interne de la personnalité). A quoi tient cette consonance antique entre des sentiments aujourd'hui si divergents et souvent si opposés?

Le psychisme humain, encore primitif [1], gardait en

1. Nous n'ignorons pas qu'un laps de temps beaucoup plus considérable que ne le feraient supposer les généalogies de la Genèse s'est écoulé entre les débuts de l'humanité et l'époque des Patriarches hébreux, et que, *chronologiquement*, Abraham se situe sans doute très loin de l'homme primitif. Mais il est permis de penser — étant donné l'évolution extrêmement lente de la

lui les traces informes de l'hybris originelle. Ses éléments constitutifs (ce fait se vérifie aux premiers stades de toute évolution) restaient, dans une certaine mesure, indifférenciés, — mêlés, fondus les uns dans les autres. L'âme, dont les purs contours spirituels n'étaient pas encore dessinés, était traversée, jusque dans ses profondeurs, par les rythmes biologiques; elle était plus charnelle, et la chair, réciproquement, était plus imprégnée d'âme. Le centre, le foyer de la synthèse humaine résidait plus bas qu'aujourd'hui : l'homme était plus un peut-être, mais d'une unité inférieure, potentielle, germinale. Il ne connaissait ni les altitudes de la vie de l'esprit ni même cette vibration spiritualisée des sens que nous avons décrite plus haut; par contre, la vie instinctive et charnelle se déployait chez lui avec une sorte d'ampleur tranquille et de plénitude lyrique que nous ne soupçonnons plus aujourd'hui. L'idéal religieux, l'appel divin se situaient pour ces âmes primitives dans le voisinage et le prolongement des rythmes primordiaux de la nature; Dieu était « vécu » comme le couronnement et la transfiguration de l'expérience cosmique. « La conscience humaine est encore crépusculaire et confuse, écrit avec profondeur Raïssa Maritain dans une étude sur la sainteté à l'état de nature... toute proche des grands instincts élémentaires, celui de la conservation et de la propagation de la vie par exemple... La grâce

---

mentalité humaine dans les sociétés fermées de pasteurs et de laboureurs — que, *psychologiquement*, l'homme du temps d'Abraham se rapproche beaucoup plus du type de l'homme primitif que de celui de l'homme actuel.

est présente et agissante, mais à la façon d'une impulsion vitale : *elle se déguise pour ainsi dire en nature* [1]. » Le conflit sommeillait encore dans cette humanité enfant.

Même si l'on étudie l'histoire des hommes du point de vue le plus étroitement naturaliste, l'influence centrale du christianisme sur l'évolution humaine ne peut être contestée. Un fait apparaît manifeste : l'idéal apporté au monde par le Christ a rompu le bloc de la paix et de l'unité intérieures de l'homme antique [2]; il a creusé entre les exigences de l'âme et celles des sens, de la vie, de la nature, un abîme empli des larmes et des sacrifices de millions d'individus. On peut s'indigner de cette œuvre de dislocation. Mais pourquoi ne pas accuser aussi la force germinative de « séparer », de tirailler en sens opposé, les racines et la tige de la plante, primitivement unies dans la substance indifférenciée de la graine? Dieu est esprit : il demande à être adoré, non plus seulement « sur cette montagne ou à Jérusalem », lieux qui symbolisent l'inhérence intrinsèque de la religion aux sens et à la nature, mais « en esprit et en vérité ». L'appel du Christ a donné un nouveau centre à la conscience humaine; il l'a livrée à l'attraction spécifique, souveraine de l'esprit, — de l'esprit dans sa tardive, jalouse et suprême expression, celle qui plane au-dessus de ces manifestations encore vertes et périphériques que sont

---

1. *Loc. cit.*, « Nova et Vetera », 1935, n° 3, p. 243.
2. En parlant en caractérologue du « bloc de la paix et de l'unité intérieures de l'homme antique », on n'exclut pas un certain déséquilibre latent du fait du péché. Mais l'homme préchrétien n'en avait pas l'expérience sentie comme l'aura saint Paul (*Rom.*, VII).

l'intelligence logique ou technique ou la volonté de puissance du sage et du conquérant : l'amour de l'esprit! Conçoit-on quelle tension a dû créer dans l'homme le magnétisme de ce nouveau centre? La sensibilité primitive imbibée de chair et de sang, voisine des entrailles de la création matérielle, ne pouvait pas s'adapter telle quelle à l'amour spirituel. Avant que se réalise une nouvelle synthèse de l'être humain, il a fallu que la distance s'accusât entre l'ancien et le nouveau centre, et, avec la distance, la tension! Ce mouvement d'émigration du centre des tendances humaines vers la pureté de l'esprit, vers Dieu, qui constitue l'essence de l'ascétisme chrétien, a opéré, à l'intérieur de l'affectivité sensible, une double transformation : d'une part, il a clarifié, affiné, discipliné les instincts; d'autre part, là où l'instinct rebelle, ancré dans sa polarité matérielle, résistait à ce processus d'intégration, il l'a « refoulé », châtié, projeté toujours plus loin du centre, de « l'âme » de l'individu. Ainsi s'explique cette double polarité de l'appétit sensible que nous avons déjà soulignée. Mais ces deux influences — l'une attractive, l'autre répressive — exercées par l'esprit sur la sensibilité, si antinomiques qu'elles apparaissent au premier abord, sont en réalité étroitement corrélatives et synergiques. La disjonction, la dichotomie ascétiques sont comme l'amorce et le premier stade d'une future synthèse. Toute guerre saine est un trait d'union entre une paix inférieure et une paix plus haute. A mesure que les instincts sont comprimés dans leurs exigences totalitaires, destitués de leur pouvoir central, le besoin fondamental d'unité qui régit tout être animé les invite à graviter autour du foyer recteur de l'esprit. Dans toute synthèse accomplie, les éléments inférieurs, pour pouvoir s'unir harmonieusement à la « dominante », à l'âme de la synthèse, doivent être préalablement comme dépossédés de leur être propre, *vaincus*, virtualisés [1].

Trois phases.

Nous pouvons ainsi distinguer sommairement trois phases dans cette évolution :

1º L'état primitif, où le supérieur et l'inférieur sont comme fondus l'un dans l'autre, avec une certaine prédominance concrète de l'inférieur.

2º La disjonction entre le supérieur et l'inférieur, avec les conflits qui en résultent.

3º L'unité de l'être différencié, où le supérieur et l'inférieur communient dans une harmonie définitive gouvernée par le supérieur [2].

Nous ne nous faisons aucune illusion, quant au caractère « idéal » de ce schème. Cette harmonie vers laquelle tend l'ascétisme se réalise plus ou moins ici-bas suivant les époques, les individus, les courants d'idées et de mœurs; elle n'est, hélas! jamais parfaite. Nous n'espé-

---

1. Pour l'homme, une telle évolution intérieure est comme la vérification, dans l'ordre concret et vécu, de la définition ontologique de son âme : *formellement* spirituelle, *virtuellement* sensitive.
2. Il s'agit là d'une loi universelle du monde sensible, qui peut être appliquée *analogiquement* même à l'ordre surnaturel (en tant que cet ordre s'incarne dans l'homme). Hans André, dans ses admirables études de biologie expérimentale, a mis en relief la tendance au dépassement du conflit, du « point mort », inhérente à la nature organique.

rons pas pour l'humanité un âge d'or où tous les conflits enfin dépassés se fondraient en harmonie : l'ascétisme sera toujours nécessaire aux fils d'Adam. Mais la nature des faits ne souffre pas de ces constatations pessimistes. Même si l'ascétisme ne doit jamais être dépassé sur la terre (je veux dire dépassé par en haut, car il n'est que trop facile de le dépasser par en bas), cela ne change rien au caractère ancillaire et provisoire de son essence.

Nous ne voulons pas sous-estimer la dure rançon humaine de ce renversement grandiose des valeurs accompli par le christianisme. Entre la fin normale d'un processus vital et le résultat concrètement obtenu, il y a place pour toutes les obstructions déformantes de la matière et du péché. La séparation, le conflit, la douleur, — tous ces états de transition et de péril dont la fonction normale est de précipiter et de consolider l'unité intérieure, débouchent, pour peu qu'ils « ratent » ou dégénèrent ou que le moi fasse d'eux une idole, sur les situations psychologiques les plus fausses et les plus tragiques. Mais comment ce prodige : l'accession de l'homme (cet être en qui se conjuguent la pesanteur de la chair et le poison du péché) à la pure vie de Dieu, aurait-il pu s'accomplir sans s'accompagner de ruines et d'échecs profonds? Mauvais œil contre la vie et l'instinct, ascétisme étroit et déformant, sclérose des sens et de l'esprit réciproquement isolés, cela a pu exister, certes. Mais moins à cause du christianisme que du terrain ingrat où il était reçu. Et cela même a eu son côté positif! Si tant d'ascètes ont lutté sauvagement contre leurs instincts, c'est qu'ils sentaient que ces instincts, trop verts encore pour être intégrés ou même « reconnus » par l'esprit, menaçaient irréparablement en eux l'appel de leur Dieu, la vie de leur âme. Mieux vaut encore lutter sans élégance que de livrer son âme à la bête — fût-elle intérieure ! La même explication justificative vaut pour le mépris universel que certains esprits religieux professèrent à l'égard des réalités vitales. Leurs erreurs, si niaises si on les juge du seul point de vue ontologique, conservent une certaine valeur *polémique*. Tant de guerriers puisent leurs meilleures forces pour la lutte dans la calomnie à l'égard de l'adversaire ! A combien de forçats peut-on demander de reconnaître et de révérer la dignité universelle du métal dont est forgé le boulet qu'ils traînent [1] ?

Nietzsche a écrit : « Le christianisme a donné du poison à boire à Éros ; il n'en est pas mort, mais il a dégénéré en vice. » Cet aphorisme néglige de parti pris l'im-

---

1. On a remarqué depuis longtemps que l'homme avait une tendance invincible à diviniser tout ce qu'il aimait. On a moins prêté attention au processus inverse : celui qui consiste à « démoniser », à ériger en mal absolu ce qu'on déteste, ce contre quoi on lutte.
Nous n'ignorons pas quel résidu de sottise a pu laisser dans certaines âmes et à certaines époques l'idéal chrétien de pureté. Plus une forme est haute, plus grotesque est sa déformation. Nous sommes un peu gênés par exemple quand nous lisons sous la plume d'un grand moraliste catholique, l'adjectif « turpis » appliqué aux joies du mariage. Ce « dépôt » caricatural de l'ascétisme a atteint au XIX° siècle (l'influence du jansénisme en décomposition est ici incontestable) son maximum d'épaisseur et d'imperméabilité. On ne gagnerait rien à multiplier les exemples de cet état d'esprit. Qu'on nous permette toutefois une anecdote chargée de saveur : une petite fille (qui est une vieille dame aujourd'hui) fut mise en pension dans une maison d'éducation tenue par des religieuses (ceci se passait au déclin du siècle dernier). Un des premiers jours, pendant la classe, l'enfant se permit de confier à sa maîtresse : « Ma sœur, j'ai mal au ventre. » Et la Sœur de répondre : « Mon enfant, vous venez de parler d'une façon indécente. Il faut dire : j'ai mal sous le tablier ! »

mense bilan positif de l'influence du christianisme sur la vie sexuelle. Si celle-ci a pu atteindre, au moyen âge et dans les temps modernes, à un degré de spiritualisation, de profondeur et de constance inconnu du monde antique, le doit-elle à autre chose qu'aux épurations ascétiques? Il serait facile de souligner les racines chrétiennes du respect et de la fidélité envers la femme, de l'« amour chevaleresque », etc. De nos jours, le développement de la vie religieuse et même mystique parmi les personnes mariées, l'assomption vécue des joies de la chair dans la charité divine, nous paraissent de très heureux symptômes quant au dépassement du résidu négatif de l'ascétisme et à l'avenir de la synthèse humaine, du « catholicisme intérieur ». L'aphorisme nietzschéen n'atteint que le revers humain du problème. Après que le christianisme eut donné à l'homme un nouvel idéal, un nouveau centre, il est certain que les instincts qui ne purent pas s'adapter aux exigences de cette révolution spirituelle n'eurent plus la possibilité de se satisfaire avec cette innocence, cette « bonne conscience », ce consentement de l'être total qui furent propres à l'homme antique. Par là, la face indisciplinée, séditieuse de la sensualité fut de plus en plus *vécue* comme un élément perturbateur et impur, comme un « vice ». En fait, il n'est pas de primitif plus bas, plus vulgaire et plus abject que l'homme actuel livré à la primauté des sens. C'est là une loi rigoureuse. La synthèse manquée est quelque chose de pire que l'hybris germinale. Que ce soit dans les individus ou dans les peuples, partout où le christianisme commence et échoue, l'homme descend au-dessous de l'état antique. « Le dernier état de cet homme sera pire que le premier. »

Le christianisme n'est pas l'ennemi de la vie. L'Église a condamné le sacrilège anathème du jansénisme à l'égard de la création. Le christianisme n'est « inhumain » que dans l'exacte mesure où le centre de l'homme réside trop bas; il n'est antivital que dans l'exacte mesure où les tendances de la vie sensitive conservent vis-à-vis de l'amour spirituel une tendance excentrique et « vampirisante ».

De la notion de sublimation.

On nous pardonnera d'employer ce mot après l'école freudienne. Nous n'en trouvons pas de meilleur. Et ce n'est pas dans le sens freudien que nous l'emploierons. Les mots ont peu de valeur par eux-mêmes; c'est la charge d'intelligibilité incluse en eux qui importe.

Nous voyons dans la sublimation le mode le plus parfait des relations entre les sens et l'esprit, la réalisation (au moins partielle) de cette synthèse intérieure dont nous avons déjà décrit la lente élaboration à travers les déchirements de l'ascétisme.

Partons des faits. Prenons deux formes (essentiellement hétérogènes sans doute, mais toutes deux authentiquement supra-sensibles) de l'amour spirituel : l'inspiration d'un poète qui chante Dieu et l'effusion d'un mystique qui parle à Dieu. L'un et l'autre emploient des termes empruntés à la chair, aux sens, parfois à la vie sexuelle. Ils vibrent dans tout leur être, ils sentent que toute leur nature communie à leur émotion transcendante. Quelle est la part des instincts, des tendances charnelles dans la genèse de ces états supérieurs?

Ici, deux interprétations sont en présence. Un freudien dira : « Ces états dits « supérieurs » ne sont que des transformations de l'instinct, des moyens détournés par lesquels une sensualité inhibée dans son exercice normal se satisfait d'une façon insidieuse et voilée. L'idéal artistique ou religieux est un simple masque de l'instinct. Toute ivresse humaine est spécifiquement sensuelle. »

Un antifreudien répondra (nous avons trouvé beaucoup d'arguments de ce genre chez les auteurs catholiques) : « Le terme sublimation cache une équivoque. La sensibilité ne saurait se transformer en esprit. L'ivresse de l'âme lyrique ou religieuse est spécifiquement, purement spirituelle. Quand un homme se détourne des joies des sens et concentre toute sa passion sur un idéal, il ne « sublime » pas ses instincts en idéals, il change simplement d'intérêts, de buts, il passe d'un plan inférieur de l'action à un plan supérieur. Il n'y a pas de continuité entre ces deux états. Si l'idéal se sert d'expressions empruntées à l'instinct et à l'amour humain, cela tient simplement à la nature du langage humain qui ne peut forger ses notions qu'à l'aide de données sensibles : les comparaisons sensibles n'ont ici qu'une valeur strictement symbolique : les sens ne jouent aucun rôle spécifique dans cette ivresse idéale. »

La seconde explication est plus solide que la première. Mais elle ne laisse pas de pécher par excès. Le freudisme découronne l'homme et calomnie l'esprit; ses adversaires méconnaissent trop l'unité concrète de l'action humaine et médisent de l'instinct. S'il n'y a pas dans l'homme d'animalité sans esprit, il n'y a pas davantage d'animalité séparée de l'esprit. Il est fou de résorber le supérieur dans l'inférieur, il est inhumain de les disjoindre. En face des processus psychologiques que Freud a rangés sous le nom de sublimation, trois opinions sont possibles. Par l'instinct, dit Freud. Malgré l'instinct, répliquent certains « spiritualistes ». Nous dirons : *avec* l'instinct. L'homme est un homme : nous ne connaissons pas d'idéals qui soient de *purs* masques de l'instinct (rien n'est plus ridicule que cette suffisance simpliste avec laquelle le freudisme murmure devant n'importe quel état psychologique supérieur : je te connais, beau masque!); nous ne connaissons pas non plus de plénitude et d'harmonies humaines sans un *apport* spécifique de l'instinct.

Expliquons-nous. Si les instincts humains ne se distinguaient en rien des instincts animaux (comme le ferait supposer l'argumentation de nos hyper-spiritualistes), aucune collaboration intime entre les sens et l'esprit, aucune sublimation·ne seraient possibles. Mais cela n'est pas : nos instincts sont parents de l'esprit, faits pour l'esprit : leur vrai centre, leur profondeur suprême résident au-dessus des finalités de la vie organique. « L'appétit charnel, a pu écrire un psychologue, est l'essence de notre vie sexuelle, il n'en est pas la profondeur. Au-dessus de l'étroit sillon des besoins animaux, plane la tendresse lointaine dont l'auréole n'a pas de patrie dans l'espace. L'âme aussi est sexuée [1]... » Quand nous parlons du rôle spécifique de l'instinct dans les processus de sublimation, nous ne voulons pas désigner l'instinct dans sa polarité animale, mais l'instinct baigné de ce halo de vibrations délicates qui communient à l'esprit.

La sublimation peut être définie comme une sorte de reflux ascensionnel de l'instinct vers les sources immatérielles de l'être humain, comme l'intégration *qualitative* des rythmes sensibles dans la pure mélodie de la vie intérieure. Subjectivement, elle s'accompagne d'un sentiment d'équilibre, de paix et de plénitude intimes, d'une impression de délivrance à l'égard des servitudes et des

---

1. Freud a opportunément insisté sur la différence entre le *génital* et le *sexuel*. La sexualité humaine déborde amplement l'instinct orienté vers la procréation. Il existe une sexualité supra-génitale. Son rôle est immense dans la genèse des états affectifs supérieurs, de la création artistique et même de l'amour mystique. Sur ce dernier point, il convient de se garder des simplifications excessives. Mais on ne saurait nier la fréquente coïncidence des débuts de l'amour mystique avec les premiers éveils (très purs et ressentis dans l'âme plutôt que dans la chair) de la vie sexuelle. La crise pubérale (surtout chez les jeunes filles) est très favorable aux expériences religieuses. De même, l'aurore des conversions s'accompagne souvent d'un certain coloris d'affectivité sexuelle. Naturellement, encore qu'elle transcende déjà l'instinct proprement dit, cette sexualité demeure très imparfaitement sublimée, et l'évolution de l'amour divin la voue à la nuit des sens (cf. les textes de saint Jean de la Croix sur la « luxure spirituelle » des commençants). Au reste, le sexe imprègne tout l'être humain, et la tonalité affective d'un amour féminin — fut-il encore plus spirituel — différera toujours de celle d'un amour masculin (tout ce que nous disons ici ne prétend pas d'ailleurs outrepasser l'ordre de la causalité matérielle). Il est à remarquer également que, lorsque se tarit dans un individu cette sexualité supra-génitale, celui-ci ne tombe pas dans la génitalité pure de l'animal, mais au-dessous. Séparé de sa *profondeur* humaine, de sa résonance spirituelle, le sexe s'éloigne du même coup de son *essence* animale. Il devient le cri d'une chair sans âme; il dégénère en débauche, en volupté plate et brutale qui tarit le lac de la vie intérieure, en aberrations diverses qui trahissent la finalité procréatrice de l'instinct animal. Nous sommes ici dans le domaine de la sexualité infra-génitale. Le génital pur, l'équilibre animal nous sont interdits. Qui ne les dépasse pas par en haut les dépassera par en bas. Il est permis de retourner le mot de Pascal : l'homme qui cesse d'être un ange devient moins qu'une bête!

dissonances des appétits inférieurs, et comme d'une transparence spontanée de toutes les profondeurs de la nature au rayon de l'idéal.

Il y a, dans une telle révolution, plus qu'un changement d'orientation et d'intérêts pratiques. Tout changement, toute conversion ne sont pas forcément accompagnés de sublimation. Un homme, travaillé et dominé hier par la chair, peut vaincre aujourd'hui sa chair et s'imposer une conduite toute spirituelle. Pour résister aux tentations qui l'assaillent, il peut s'imposer des mortifications, se livrer à l'étude ou à des exercices physiques, etc. Certes, une grande partie du tonus nerveux, des réserves physiologiques qui se fussent consumés dans la satisfaction de ses besoins sensuels seront employés dans les exercices en question. Mais il ne s'agit là que des forces les plus « neutres », les plus brutes, les moins « qualifiées » de la vie organique. L'instinct n'apportera pas son concours spécifique et qualitatif à la réalisation de ces manœuvres ascétiques; au contraire, il sera brimé, paralysé, mâté par l'idéal, mais foncièrement étranger à cet idéal. C'est ici le cas de l'ascète classique qui vainc la chair, mais que la chair, toujours rebelle, tourmente. Le changement est profond, la sublimation nulle. Mais si le même homme un jour voit s'apaiser sa tension interne, s'il voit les images et les souvenirs, naguère « coupables » et séditieux, se dépouiller de leur gangue d'émotions troubles et se transfigurer en sentiments qui sont comme le prolongement, l'*aura* sensitifs de l'amour spirituel, nous aurons affaire à la sublimation proprement dite : dans le premier cas, l'instinct sera seulement *dominé*, dans le second il sera *intégré* par l'esprit.

C'est ce dernier phénomène que Freud décrit sous le nom de sublimation. Nous n'avons pas à nous attarder sur l'interprétation vulgaire et « économique » qu'il en donne. L'instinct ne crée pas l'esprit, mais il est perméable à l'esprit. Un instinct insatisfait ne saurait « se changer » en idéal [1], mais l'idéal peut capter l'instinct dans son orbite. La sublimation se ramène à l'épanouissement des aptitudes encloses dans l'instinct, à la spiritualisation, à l'hypertrophie des antennes « noétropes » de la chair. L'instinct n'est plus seulement dompté, il est apprivoisé, il sert l'idéal avec sa délicatesse qualitative, avec son âme surélevée par une attraction supérieure. L'instinct sublimé ressemble à un nuage traversé par les rayons du soleil : l'eau qui le compose n'a rien perdu de sa nature propre; l'astre l'a simplement élevée au-dessus du contact épais de la terre et tout imprégnée de lumière. On peut aussi le comparer à une fleur presque entièrement consumée, irradiée en parfums : elle conserve ce qu'elle a de plus pur et de plus précieux; seules s'effacent ses limites et sa rudesse matérielles. N'était le malencontreux usage qu'on en a fait, le terme freudien *übertragen* (transposer, transférer) serait admi-

---

1. Le terme même de sublimation de l'instinct postule l'existence et l'attraction de facultés transcendant l'instinct. Un instinct inassouvi peut s'user par le non-exercice ou s'exaspérer par la privation. Mais comment, si rien n'existe au-dessus de lui, pourrait-il aboutir, par le seul fait qu'il est contrarié, à cet état de plénitude et d'harmonie qui caractérise la sublimation?

rablement révélateur. « Porter au delà », il n'est pas de
formule qui puisse mieux symboliser ce geste profond
de l'âme, par lequel l'instinct vibre et « focalise » au delà
de lui-même [1] !

1. Nous parlons ici en termes d'expérience caractérologique, et non de
psychologie rationnelle. Loin de nous la pensée de contester l'hétérogénité
radicale des actes instinctifs et des actes spirituels! Nous aurions pu rattacher
notre exposé aux textes de saint Thomas sur la *redundantia* de l'esprit sur les
sens. Qu'il nous suffise de répéter que l'instinct dont nous parlons n'est pas
l'instinct pris dans sa pure formalité animale (laquelle au reste ne saurait se
manifester isolément dans l'ordre synthétique de l'action), mais l'instinct
surélevé par les infiltrations de l'esprit. C'est un lieu commun du thomisme
que de montrer comment, dans l'ordre de l'opération, une cause supérieure
peut imbiber de son influence (et par là transfigurer, « sublimer ») une cause
inférieure sans altérer la spécificité de celle-ci. Au reste, parler d'un concours
spécifique de l'instinct dans la genèse de certains états de plénitude spirituelle,
ce n'est pas méconnaître le caractère *accessoire* de ce concours. Le thème
conducteur appartient toujours à l'esprit : il y a sublimation quand la sensibilité est accordée à ce thème. Si nous passons à la limite (cela n'est permis
qu'au psychologue catholique!), nous toucherons à la résurrection et à la
glorification de la chair. Là se vérifie, dans toute son ampleur et sa perfection,
le concept de sublimation. Les élus conserveront une vie spécifiquement,
actuellement instinctive. Mais leurs instincts seront parfaitement dégagés des
finalités matérielles d'ici-bas, parfaitement spiritualisés. Quand le Christ
répond aux objections épaisses des Juifs que les bienheureux « seront comme
les anges de Dieu », cela ne signifie pas qu'ils seront asexués comme les
anges, mais que leur sexualité aura dépouillé sa polarité animale d'ici-bas,
son caractère génital. Une telle harmonie peut et doit être amorcée sur la
terre. Voici en quels termes saint Jean de la Croix précise avant la lettre
l'étendue et les limites du processus de sublimation (considéré ici en fonction
de la synthèse mystique de l'homme) : « L'âme ajoute : les cavaliers descendaient aussi à la vue des eaux : ces eaux figurent les richesses et les délices
spirituelles de Dieu dont l'âme a maintenant la jouissance; les cavaliers sont
le symbole des puissances de la partie sensible, soit intérieures, soit extérieures.
L'Épouse dit qu'en cet état les cavaliers descendent à la vue des eaux spirituelles, car la partie sensible de l'âme est à présent *si bien purifiée et en quelque
sorte spiritualisée* que ses puissances sensibles et ses forces naturelles se
recueillent avec elle pour avoir à quelque degré une part et une jouissance
des grandeurs spirituelles que Dieu communique à l'esprit. David a voulu
nous l'apprendre par ces mots : *cor meum et caro mea exultaverunt in Deum
vivum*. Remarquons-le : l'Épouse ne dit pas que les cavaliers descendaient
en goûtant les eaux, mais à la vue des eaux; car la partie sensible et ses puissances ne peuvent pas, à proprement parler, goûter la nature des biens spirituels... ce n'est que par un certain rejaillissement de l'esprit en elles qu'elles
reçoivent de ces biens plaisirs et délices »... Il est à noter que même les voluptés
de la chair peuvent être vécues, lorsque les sens sont profondément accordés
à l'esprit, sans aucun dénivellement de la vie intérieure. N'était le poids de la
matière et du péché, cette unité devrait être de règle dans le mariage chrétien.

Dans une existence consacrée à l'idéal, le coefficient de perméabilité, « d'apprivoisement » de l'instinct détermine, dans une ample mesure, le coefficient d'harmonie et de joie de la vie intérieure. Ici, une précision nous semble utile. La capacité de spiritualisation de l'instinct dépend essentiellement de la qualité de l'instinct, et non de la volonté. Une volonté forte entraîne un pouvoir direct de domination, mais non d'intégration de l'instinct. Il n'existe aucune corrélation entre la tonicité du vouloir et les *possibilités* de sublimation. Des héros de la volonté peuvent traîner toute leur vie des instincts enchaînés sans qu'une sublimation appréciable vienne jamais les arracher à leur conflit intérieur (c'est le cas des ascètes nés, de certains stoïques, etc.); inversement, une belle interpénétration bio-spirituelle peut exister chez des sujets très faiblement volontaires (en particulier, chez beaucoup de tempéraments portés spontanément à la passivité mystique). Au reste, le processus de sublimation lui-même a lieu en dehors de l'influx immédiat et du contrôle de la volonté. Tout ce que la volonté peut faire en ce domaine, c'est de *préparer*, par une patiente opposition aux extériorisations charnelles de l'instinct, l'éveil des aptitudes à la sublimation *préexistant* dans cet instinct. Si ces aptitudes n'existent pas (en fait, elles existent toujours, mais parfois dans une mesure pratiquement négligeable), l'individu n'arrivera à une harmonie relative que par *l'usure* de l'instinct. Ainsi s'explique la stérilité et la sécheresse affectives de certains caractères à prédominance spirituelle (hyperintellectualistes ou volontaristes) : il est des hommes qui doivent acheter leur paix et leur unité intérieures au prix du tarissement des sources instinctives! La sublimation seule permet à l'homme d'échapper aux conséquences dégradantes de la domination instinctive, à l'étroitesse et à la vulgarité charnelles, sans rien perdre de la richesse et de la fraîcheur de la vie sensitive [1].

Les sentiments mixtes et l'illusion intérieure.

Nous venons de décrire un état optimum, à la limite un état idéal. Dans le concret, les choses se présentent rarement sous un jour si favorable. Toute interpénétration entre les sens et l'esprit n'est pas une sublimation; il est des états de satisfaction interne qui se situent, ontologiquement et moralement, bien au-dessous du conflit. Deux exemples vont nous servir de points de repère. Considérons d'une part une sainte Thérèse dans un de ses moments de plénitude mystique et, d'autre part, la *Madeleine* du docteur Janet dans ses états de « ravissement ». Toutes deux paraissent vibrer dans leur sensibilité tout entière, elles se servent, pour exprimer leur ivresse, de termes empruntés à la vie des sens et même de la chair. Et cependant, tout psychologue capable de porter un jugement *synthétique* éprouvera dans le premier cas une impression de pureté et d'unité, dans le second un sentiment de malaise et de suspicion.

---

1. Nous tenons à spécifier, contre le pansexualisme freudien, que le processus de sublimation peut intéresser d'autres instincts que l'instinct sexuel. Il reste que, parmi les instincts, l'instinct sexuel et l'instinct maternel sont ceux qui présentent le plus d'aptitudes *qualitatives* à la spiritualisation.

La sensibilité de sainte Thérèse est comme envahie par Dieu, celle de Madeleine semble chercher une satisfaction malsaine et aberrante sous le nom usurpé de Dieu. L'état d'âme de sainte Thérèse relève d'une sublimation de la plus haute qualité. Quant au sentiment qui anime notre pseudo-mystique, nous le nommerons, avec l'étonnant psychologue que fut Dostoïevsky, un « sentiment mixte ».

Dans la texture d'un tel état d'âme, nous décelons l'influence enchevêtrée de deux causes : l'une s'apparente à l'ordre ontologique, l'autre est plutôt d'ordre moral[1].

Les sentiments mixtes sont une des plaies de la vie intérieure de notre époque. Plus que toute concupiscence brutale et flagrante de la chair ou du moi, ils minent et paralysent l'essor de l'homme vers l'idéal. Revenons à nos précédents propos sur le mode d'élaboration de la synthèse intérieure de l'être humain. Toute disjonction, tout conflit ont pour finalité d'aboutir à une unité supérieure. Mais là où, par suite d'un certain épuisement du potentiel vital d'un individu, d'une famille ou d'une race, cette évolution vient à avorter, l'homme s'effondre

---

1. Ces termes ne sont pas pris ici dans leur rigueur philosophique. Par « ontologique », nous entendons fatal, constitutionnel, indépendant du choix et de la liberté; par moral, soumis (au moins relativement) à l'influence de la volonté. De même, les termes de synthèse et d'hybris ne s'appliquent pas dans cette étude à l'être humain considéré en tant qu'unité métaphysique, que substance; ils ne servent qu'à désigner certains modes de manifestation de cette substance immergée dans le dynamisme du devenir. La triade hégélienne (l'être d'abord indéterminé qui s'oppose à lui-même pour s'unir ensuite à lui-même dans une unité supérieure) ne régit pas le monde immuable des essences en tant que telles, mais elle conserve un sens profond si l'on considère les processus de réalisation concrète, historique et phénoménale des essences.

au-dessous de son point de départ. Une nouvelle hybris remplace en lui l'harmonie spirituelle manquée. Non plus cette hybris primitive gorgée de richesses élémentaires, mais la stérile hybris des décrépitudes. Quel que soit le coloris archaïque que leur surface peut revêtir, les sentiments d'un illuminé de nos jours ne ressemblent pas plus aux sentiments d'un primitif que le rabâchage sénile ne ressemble aux balbutiements d'un enfant. Dans cet état de désagrégation intérieure, les sentiments perdent leur netteté, leur tranchant spécifiques; troubles, indécis, croulants, aussi incapables de s'unir hiérarchiquement que de s'opposer les uns aux autres dans un conflit sain, ils tendent vers une sorte de mélange, de confusion réciproques. La chair et l'esprit brouillent leurs finalités respectives dans un *tertium quid* indéterminé : celle-là ne va plus jusqu'au bout de ses inclinations animales, celui-ci trahit ses propres exigences d'immatérialité et s'enlise dans la chair. Transaction impure, union sans unité. Qui veut définir le rôle de la sensibilité dans l'amour spirituel doit apprendre à distinguer entre la sublimation et le sentiment mixte : d'une part la synthèse (la sensibilité affinée, exhaussée, *informée* par l'idéal); de l'autre le mélange (la sensibilité brouillée, confondue avec l'idéal).

Illustrons cette analyse par un exemple très clair. Voici une coupe de vin généreux. Ce vin contient de l'eau, et même dans des proportions très accusées. Personne ne dira cependant : ce liquide est un mélange d'eau, d'alcool, de tanin, etc. On dira simplement :

77

c'est du vin. L'âme, la forme du vin domine, surélève, intègre la nature de l'eau. Prenons au contraire du vin mouillé : extérieurement, cette mixture ressemble à du vin, mais ici l'eau *usurpe* le nom de vin; plus encore, elle altère, exténue, dégrade le vin qu'elle touche. Autre chose est un idéal qui transfigure la sensibilité, autre chose un idéal « mouillé », sophistiqué par des sens dégénérés. Là sainte Thérèse, ici notre mystique d'hôpital...

En termes de conscience et de morale, « sentiment mixte » peut se traduire par « illusion intérieure ». Il est en effet une tendance affective qui, greffée sur la fragilité des bases du caractère, favorise puissamment l'éclosion des sentiments mixtes : c'est *le refus instinctif de la vérité.*

Ce mensonge intérieur dépend souvent en grande partie de causes extra-individuelles; il s'enracine fréquemment dans des refoulements anormaux imposés par l'hérédité, la tradition, l'éducation, l'atmosphère psychologique ambiante, etc. L'homme a trop joué à l'ange. Certaines tendances primaires de l'être vivant (et au premier rang l'instinct sexuel) ont été considérées — nous avons déjà dit en vertu de quelle nécessité « polémique » — comme quelque chose de foncièrement vil, impur, antispirituel et antidivin; peu à peu les hommes se sont habitués, non seulement à dominer ces tendances, mais à les désavouer, à les reléguer comme des hôtes honteux hors du champ de la conscience. Le résultat se devine : pour peu que s'effrite la synthèse volitive et que les poussées charnelles s'infiltrent dans la zone de la conscience et de l'action prochaine (comme c'est de règle dans les caractères labiles), l'instinct ignoré ou « démonisé » *a priori* se manifestera nécessairement sous un masque d'ange!

A cette influence d'origine sociale, il convient d'ajouter la réaction du moi contre l'instabilité et le dénuement vitaux. Plus l'homme sent sa vie intérieure pauvre et impure, plus il a besoin, par compensation, de la parer de couleurs idéales. Ce phénomène constitue la manifestation centrale du caractère névrotique; on le retrouve presque fatalement à la base des illusions religieuses, des états pseudo-mystiques de notre époque. La névrose — cette pesante rançon de la civilisation et de la culture — est comme le mal de la chair dans ses points de contact les plus intimes et les plus immédiats avec l'esprit. A la différence des affections purement physiologiques, elle rampe jusqu'au seuil de l'immatériel, jusqu'à ces franges subtiles de la sensibilité qui communient à la pensée, jusqu'au confluent mystérieux du corps et de l'âme; elle laisse à l'homme la vie, mais elle lui ravit la plénitude subjective, la richesse et la pureté *vécues* de la vie : elle provoque par là les plus profondes et les plus incurables réactions du moi blessé.

Le type du névrosé tari et compensateur nous semble être apparu assez tardivement dans l'histoire. Il importe donc de distinguer entre l'illusion religieuse telle qu'elle se présentait à des époques reculées (au moyen âge, par exemple) et la fausse mystique moderne.

79

Sans doute, un mélange « impur » de sensibilité et d'esprit entre-t-il en jeu dans les deux cas. Mais si l'on étudie attentivement l'histoire de tel illuminé ou de tel hérésiarque de jadis, on a l'impression d'un *excès de vitalité mal contrôlée par l'esprit*, tandis qu'un pseudomystique moderne offre plutôt le spectacle d'une *carence vitale compensée par une illusion de l'esprit*. Ainsi s'expliquent peut-être le peu d'influence, le manque de rayonnement social des illuminés contemporains en comparaison du magnétisme vital et de l'ascendant collectif d'un grand nombre de leurs prédécesseurs.

Naturellement, dans ces âmes troubles et décadentes, les sentiments mixtes sont toujours définis et homologués par la conscience sous le signe de leur composante la plus noble, — celle-ci ne fût-elle qu'un éclair, un rêve ou un souvenir! Le mensonge moral — le masque d'une unité et d'une grandeur absentes — compense, aux yeux de l'estime de soi, cette sorte de mensonge ontologique que constitue la prédisposition aux sentiments hybrides et indéterminés.

Ici, une précision s'impose. Comment discerner la sublimation d'un saint de l'hybris impure d'un névropathe? Un éminent philosophe doublé par surcroît d'un excellent psychanalyste me disait un jour en faisant allusion à certains épisodes, chargés de symbolisme sensible, de la vie religieuse de sainte Thérèse : « Je ne me chargerai pas de défendre un tel symbolisme devant un psychanalyste. » A la réflexion, nous l'avons approuvé. *Analytiquement*, de tels états ne sont pas défendables.

L'eau que l'analyse arrache à une coupe de Clos-Vougeot ne diffère en rien de l'eau qui trempe un vin frelaté. De même, isolé, « gelé » par l'analyse psychologique, le symbolisme sexuel du « Cantique des Cantiques » ou de telle extase thérésienne s'identifie à celui d'une névrosée atteinte de délire religieux. Mais ce qui importe ici, ce n'est pas *l'existence* séparée de tel symbole ou de telle expérience, c'est *la position et le rôle* de ces éléments dans l'ensemble individuel où ils s'intègrent. L'analyse psychologique, en découpant arbitrairement, en actualisant des éléments fondus, virtualisés dans un complexe synthétique et dont la suprême *réalité* gît dans le rapport qu'ils soutiennent avec cette totalité organique (c'est-à-dire au-delà d'eux-mêmes), s'avère foncièrement *irréaliste*. Seul, l'emploi de critères *synthétiques* permet de juger ici avec fondement. C'est à travers la résonance (pleine ou creuse, pure ou impure, harmonieuse ou discordante) de la personnalité totale qu'il faut interpréter la note sensitive isolée, et non réciproquement. Nous n'ignorons rien des difficultés et des limites de la méthode synthétique : l'appréhension (toujours obscure et imparfaite) d'un ensemble vivant requiert, outre la pénétration intellectuelle, la sympathie affective; elle est ainsi menacée de subjectivisme et se prête fort mal aux démonstrations universelles. Dans l'ordre de la vérification abstraite, la méthode analytique présente tous les avantages; elle a pour elle le prestige de la logique la plus superficielle (et la plus voyante!) et des solutions accessibles à tous les cerveaux. Mais, s'il est vrai que les catégories de substance et de totalité sont irréductiblement inhérentes à toute nature et, *a fortiori*, à la nature animée, elle n'arrive à ces brillants résultats qu'en « dénaturant » le fait psychologique. Dans le cas qui nous occupe, l'analyste voit très bien la *présence* d'une composante sensible dans l'amour spirituel, il voit la proximité, l'osmose entre les sens et l'idéal; mais il ne sait pas — et cela seul importe — si c'est les sens qui sont montés vers l'idéal ou si c'est l'idéal qui s'est effrité jusqu'à servir de « prétexte » et de masque au sens.

Introspectivement, la vraie sublimation de la sensibilité se reconnaît à deux signes : la vibration sensible, loin d'être « accapareuse », close sur elle-même, excentrique par rapport à l'idéal, fortifie et enrichit l'amour spirituel (saint Jean de la Croix a donné cette consonance comme critère de la pureté de l'amour des créatures...); outre cela, l'âme éprouve à l'égard des effusions des sens spiritualisés une souveraine indépendance, un détachement profond. Le critère est absolu : plus les joies des sens sont hautes et pures, plus l'esprit les accueille et les sacrifie avec liberté. Une passion sublimée est par essence orientée vers le sacrifice. Nul paradoxe en cela : les sens ne répugnent plus au sacrifice parce que leur trésor, l'âme et le centre de leur ivresse, résident au-delà d'eux-mêmes! Dans les affections troubles, au contraire, l'âme est comme soudée aux joies et aux douleurs de la sensibilité.

Comme pour la sublimation, nous venons de décrire un état-limite : le sentiment mixte tel qu'il se présente dans les caractères morbides et décadents. Dans le concret (et principalement à l'époque de la puberté et au début des conversions), il existe des sentiments mixtes qui ne sont nullement de nature névrotique et qui se situent psychologiquement entre l'indétermination primitive et une sorte de sublimation larvée. Il s'agit là, non pas d'une usurpation morbide de l'idéal par une sensualité déchue, mais d'un idéal encore mal dégagé de ses langes charnels et trop captif des émotions sensibles [1]. Un tel état aboutit normalement à la purification des sens, laquelle prépare une nouvelle synthèse de l'amour, centrée définitivement sur les pures cimes de l'esprit. Chez les Orientaux (et surtout chez les Slaves), peuples où le bouillonnement élémentaire de la vie s'allie

---

1. L'opposition polaire entre les sens et l'esprit est beaucoup moins accusée chez la femme que chez l'homme; le point de sublimation de la sensibilité est par conséquent plus bas dans le caractère féminin (qu'on compare sur ce point la différence de dépouillement entre l'ivresse sensible de sainte Thérèse au moment de sa vie mystique et celle de saint Jean de la Croix à la même époque!). Pour s'intégrer dans l'amour spirituel, les vibrations de la sensibilité féminine n'ont pas besoin d'être décantées avec la même rigueur que celles des passions masculines. Il y a là un certain danger d'illusion pour les hommes qui étudient le caractère féminin. Il ne faut pas oublier que, si l'esprit de la femme est moins dégagé que celui de l'homme des liens du sang et de la chair, ses instincts par contre ont plus d'affinité avec les choses de l'âme. Les hommes sont souvent portés à juger sévèrement certains états féminins où s'avère une « proximité » excessive entre la sensibilité et l'amour spirituel pour l'unique raison que la même « proximité », dans une âme masculine, ne pourrait être qu'une transposition impure. Cela ne signifie pas naturellement que les femmes soient à l'abri des illusions (nous n'avons voulu parler dans cette note que de la proximité entre les sens et l'esprit inhérente à une vraie sublimation); tout au contraire, la tonalité supra-charnelle de leurs instincts les prédispose à l'illusion. Nous avons voulu simplement montrer comment, soumises à des critères empruntés à la seule expérience masculine, certaines osmoses très pures entre les instincts et l'idéal de la femme couraient le risque d'être interprétées négativement. Ajoutons à cela que la femme possède un instinct inconnu de l'homme : l'instinct maternel — et que les manifestations, plus ou moins « transposées » de cet instinct sont souvent attribuées par l'homme à la sexualité.

à une évolution incomplète des facultés rationnelles, les sentiments mixtes doivent être interprétés en général d'une façon plus positive que chez l'homme occidental [1]. Au reste, si impur que puisse être un sentiment mixte, il n'existe pas concrètement d'illusion, de masque absolus. Où est le faux-monnayeur qui n'a jamais tenu dans ses doigts une authentique pièce d'or? Le pharisien pur réside au-dessous des conflits et des illusions. On décèle toujours, chez les névrosés qui miment un idéal quelconque, une certaine aptitude à expérimenter (mais d'une façon ténue, intermittente, disproportionnée avec les facultés habituelles de réalisation du sujet) l'idéal en question. Le moi s'attache avarement à cette fragile expérience et tente, dès qu'elle fléchit, de la ranimer et de l'amplifier par un échafaudage d'illusions.

Conclusion.

Toute notre précédente analyse peut se résumer ainsi : le problème humain ne consiste pas à choisir entre les sens et l'esprit, mais entre la *domination* des sens et la domination de l'esprit. Il ne s'agit pas de frapper

---

1. Dans le caractère occidental (et surtout latin) fortement axé, à l'état normal, sur l'unité, la netteté spirituelles, la présence des sentiments mixtes constitue un symptôme de dégénérescence psychologique. Il est d'ailleurs instructif de constater que l'esprit latin ne croit pas, au fond, à l'existence ont logique des sentiments mixtes et attribue tout spontanément leurs manifestations à quelque calcul hypocrite. Qu'on songe à la signification péjorative — et uniquement morale — du terme *duplicité!* Quand les actions d'un indi idu blessent son besoin d'unité et de clarté, l'esprit latin soupçonne aussitôt le mensonge conscient et volontaire! Cette interprétation apaise son exigence foncière de simplicité. Molière a décrit, dans *Tartuffe*, le comédien sous le masque hypocrite du saint : il eût été incapable de décrire, comme le fait souvent Dostoïeswky, la mixture intérieure du comédien et du saint.

d'exclusion telle ou telle forme de la vie humaine; il s'agit seulement de savoir laquelle d'entre ces formes doit occuper en nous la place centrale et imprégner les autres de son attraction rectrice. L'alternative « pour ou contre les sens » n'existe pas. La gloire de la pensée catholique, c'est de n'être *contre* rien (si ce n'est contre le mal qui n'est que néant), c'est d'être *pour* chaque chose, mais à la place et dans les limites qui lui conviennent.

Si essentiellement différentes que soient les composantes humaines et sensibles d'affections comme l'amour conjugal, maternel ou mystique, l'évolution de tous ces amours vers la perfection et l'harmonie n'en reste pas moins soumise à une nécessité commune : aucune affection ne peut demeurer vraie et pure qu'en « accordant » sa composante humaine à l'amour divin. Parmi les conditions de cet accord, il en est deux qui s'enracinent au cœur même de notre destinée : la vérité et la douleur.

« La vérité vous délivrera », a dit le Christ. « Toute vérité dissimulée devient vénéneuse » — ce mot de Nietzsche est comme un prolongement, en termes de psychologie concrète, de la parole évangélique. Il est certain — car tout processus historique a sa finalité surnaturelle — que l'extraordinaire (et parfois catastrophique) « prise de conscience » qui caractérise l'époque moderne est appelée à préparer une ère d'amour spirituel plus pur et plus libre. A la base des refoulements nocifs ou des transpositions impures de la sensualité, on décèle toujours une attitude de négation et de fuite à l'égard de la réalité. L'homme ne peut échapper à ces

85

déformations qu'en étant vrai en face de lui-même, qu'en assumant loyalement dans sa conscience et dans son amour tout son univers intérieur. Mue et surélevée par l'amour surnaturel, la connaissance est capable d'opérer la « rédemption » des profondeurs qu'elle atteint. Cette exigence de vérité intérieure se confond au reste avec l'exigence de détachement, de « desnudez » vis-à-vis des sens que nous enseigne Jean de la Croix : que l'âme confonde sa sensibilité avec l'amour divin ou qu'elle la réprime et la redoute comme le démon, dans les deux cas elle reste liée, hypnotisée par les sens. L'illusion étouffe la liberté intérieure. Sans doute, il est des caractères ingrats qui devront lutter toujours contre leurs passions; mais il est possible de lutter sans se créer des fantômes. Cette reconnaissance, cette « adoption » de notre vérité interne ne supprime pas nécessairement les conflits; elle les purge de ce qu'ils ont de faussé et de vénéneux. Au sein même de la lutte, il est une façon de garder la paix et de transcender le combat. Nous n'ignorons pas combien cette loyauté intérieure peut être héroïquement difficile à certaines âmes : dans une conscience névrotique, par exemple, qui puise dans l'illusion toutes ses raisons de vivre, le rayon de la vérité pénètre comme un agent de désespoir et de mort. Mais s'il arrive à s'y frayer un chemin et à y régner, il peut déterminer l'éclosion d'une forme de spiritualité qui, par l'absence de toute complicité charnelle, par l'acceptation d'une pauvreté et d'une stérilité intérieures insoupçonnées de l'homme normal, se situe très haut en pureté et en profondeur. Passant à la limite, Gertrude von Le Fort écrit magnifiquement : « Mieux vaut mourir de la vérité que Dieu crée que de vivre des mensonges qu'on se crée soi-même. » Mais à quoi bon vivre d'illusions puisque Dieu aime et attend toute notre vérité? Ce que l'orgueil ne peut que masquer, l'amour et le don le divinisent. Rien n'est trop bas, rien n'est trop impur en nous pour le baiser rédempteur du Christ. Toute notre misère, nous pouvons la *fondre* en Dieu. La tragédie de l'orgueil et de l'illusion, c'est de la *confondre* avec Dieu [1].

Le processus de spiritualisation de l'affectivité sensible que nous avons décrit sous le nom de sublimation ne s'accomplit que dans et par la douleur. C'est avec autant de sagesse surnaturelle que d'intuition des réalités psychologiques que Jean de la Croix place « la nuit des sens » au seuil de la vie mystique. Les sens, ce berceau de l'idéal, ont tôt fait, pour peu qu'on s'attache à leur frémissement, de devenir son tombeau! Dans l'élément sensible (non encore brassé par la douleur) de toute affection profonde, réside quelque chose d'indiscret et de borné — une sorte d'euphorie inférieure dont les fumées épaississent et paralysent la pure flamme de la pénétration spirituelle. « Malheur à vous qui riez », a dit le Christ. Il n'a pas voulu condamner la joie en soi,

---

1. Nous ne voulons pas dire ici qu'il soit utile à *tout* homme de connaître *toute* sa misère intérieure. La vérité ne peut être moralement et surnaturellement féconde que si elle est assumée dans la simplicité et l'amour divins. Séparé du premier précepte du décalogue, le commandement socratique « Connais-toi toi-même » engendre fatalement le désespoir et le nihilisme. La connaissance de soi n'est bonne qu'à l'âme captive de Dieu. L'homme sans Dieu vit de l'illusion et meurt de la vérité intérieure; l'ordre inverse se réalise chez le saint.

mais ce bonheur idolâtriquement charnel et terrestre dont le sourire n'a pas fleuri à travers les larmes. La croix affine et mûrit les passions; elle les dépouille, non pas de leur originalité individuelle, mais de cette étroitesse, de ce « particularisme » déformants qui sont la rançon de l'individualité sensible; elle leur communique une sorte de transparence et d'apaisement vespéraux, une aptitude à communier à l'universel, à prolonger, sans cassure ni trahison, les incantations de l'amour immatériel. Le mot tempérance, si banal au premier contact, symbolise admirablement cette saturation spirituelle de la sensibilité, cette synthèse pacifique de la lumière et de la flamme.

La douleur, qui libère les passions de l'épaisseur et de l'étroitesse charnelles, les élève aussi au-dessus des fluctuations et de l'inconstance, attributs essentiels de la sensibilité. Si pure que soit la vibration passionnelle à l'aurore d'un amour humain ou d'une conversion religieuse, elle est encore trop voisine de la chair et du moi; non purifiée, elle risque de faire basculer l'amour par en bas et de l'exposer à tous les accidents du devenir. « La grande, la tragique illusion des âmes aimantes, écrit Klages dans un de ses plus désespérants aphorismes, c'est de croire que la force et la profondeur d'un état affectif entraînent une garantie pour sa durée. » Et, de fait, la plupart des âmes humaines sont des nécropoles où gisent les cendres de passions qui se crurent nées pour l'éternité. Seules, les affections qui résistent au brisement ou à la « nuit » de leur première composante sentimentale sont appelées à transcender le temps. Un amour n'est grand et durable que dans la mesure où il se nourrit des déceptions et des douleurs semées sur sa route...

Nous parlions, au début de ce chapitre, de l'unité, de l'harmonie affectives de l'être humain. Toute âme aspire obscurément à cette plénitude. Mais il n'est qu'une voie qui la dessert — celle à laquelle personne n'aspire — : la voie étroite, la voie de la croix. Il n'est pas de mythe plus vénéneux que de prétendre réaliser, au niveau de la joie sensible, une synthèse affective universelle; c'est à la dilution et à l'agonie de tout amour que mène cette utopie. La synthèse des passions et de l'amour transcendant, des frissons du devenir et de la paix éternelle ne s'est jamais nouée que dans le déchirement ou le silence du sensible et du temporel. Extinction transitoire et féconde, au reste : la « nuit des sens » d'un Jean de la Croix n'est que l'ouvrière éphémère d'une éternelle résurrection des sens. L'aurore *commence* à minuit. Au bas de l'opaque déréliction sensible, pointe déjà la déli_vrance des passions spiritualisées. Qui refuse la Croix pour l'homme montre par là qu'il ne sait ni ce qu'est l'homme, ni ce qu'est la Croix. Ni quelle insondable affinité fait de la nature humaine déchue et de la douleur deux entités mystérieusement *complémentaires* [1]. Il

---

1. Il n'est pas oiseux de constater que toute vision utopique de l'humanité s'accompagne fatalement du « mauvais œil » à l'égard de la douleur. C'est la tare de l'humanitarisme déliquescent de notre époque que de méconnaître à la fois ce qu'il y a de vain et de négatif dans l'homme, de positif et de fécondant dans la douleur.

y a, dans cette vocation de l'homme à la croix, une nécessité qui, bien qu'accidentelle (issue du péché originel), reste *pratiquement* lourde et fatale comme une nécessité d'essence, selon le mot définitif de l'Écriture : « L'homme est né pour souffrir comme l'oiseau pour voler. »

III

Amour et mariage

Le choix.

Je ne prétends pas enseigner ici l'art de choisir son conjoint, comme d'autres se flattent d'apprendre l'art de se défendre dans la rue ou l'art de gagner à la Bourse. Je n'ai pas de recettes précises à cet usage. Un mariage (et je pense ici aux unions les plus réfléchies) est conditionné par tant de hasards (hasards des situations, des rencontres, de la fortune, des sentiments, etc.) qu'il serait ridicule de s'avancer dans ce domaine armé de règles mathématiques. Au reste, une telle obscurité enveloppe ici le choix humain que celui qui veut trop bien choisir, celui que hante une idée trop claire de « l'âme sœur » risque fort, soit de ne jamais se marier, soit de faire un choix absurde, un de ces choix « qu'on n'aurait jamais cru », comme dit La Fontaine, et comme l'expérience nous le fait voir tous les jours. « Je n'ai vu qu'acheteurs précautionneux, écrit, non sans quelque exagération, Frédéric Nietzsche; mais le plus rusé lui-même achète sa femme comme chat en poche. » Même dans les unions les plus éclairées, il y a une part de saut dans l'inconnu, de pari, au sens pascalien du mot. Aussi les quelques indications très générales que je vais donner sur ce sujet visent à fournir, non des certitudes, mais de simples probabilités.

Une des questions primordiales qui se posent dans le choix d'un conjoint, c'est la question biologique. De la santé des époux dépend en effet en grande partie l'équilibre matériel et moral du foyer, l'existence et l'avenir des enfants. Mais je ne veux envisager ici le problème que sous l'angle psychologique et sous l'angle social. Parmi les facteurs qui contribuent à déterminer le choix nuptial, il en est, en effet, d'extérieurs ou sociaux (on considère le milieu, la classe, la fortune...), et d'autres intérieurs ou psychologiques (on se décide par amour ou par raison...). Arrêtons-nous un instant sur ces deux points.

Mariage et milieu social.

Cette question ne se posait pas jadis. Chacun se mariait dans sa caste, et très souvent même à l'intérieur de sa paroisse et de sa profession. Les divers organismes sociaux, solidement spécifiés, n'empiétaient pas les uns sur les autres (cette absence d'empiétement ne signifiait pas, je tiens à le souligner, l'absence d'échanges). Aujourd'hui, grâce à la facilité et à la fréquence des communications, grâce surtout à la confusion des classes et des fonctions, cet état de choses a changé du tout au tout. Les unions entre personnes de milieux géographiques, culturels ou professionnels très différents, se multiplient de plus en plus. Dans nos campagnes vivaroises, pour ne citer qu'un exemple, les jeunes paysans qui, jadis, n'épousaient que des jeunes filles appartenant, non seulement à leur caste, mais encore, à l'intérieur de cette caste, à des familles imprégnées des mêmes traditions, des mêmes opinions politiques et religieuses que la leur, s'unissent maintenant assez fréquemment à une petite dactylo parisienne ou à une Italienne fraîchement émigrée. Et des cas semblables s'observent dans tous les milieux.

Je le dis tout net : cette confusion ne constitue pas un progrès. L'identité du milieu social me paraît une des conditions centrales du bonheur conjugal. Certes, je n'exclus pas absolument les unions entre personnes de milieux différents. Je pense seulement qu'elles doivent être l'exception : elles exigent, de part et d'autre, des qualités individuelles qu'on ne saurait demander à la masse des hommes! Quand un homme et une femme rentrent par le mariage dans un milieu supérieur ou seulement étranger au leur, il faut qu'ils y entrent *en montant* (on s'imagine trop, aujourd'hui, pouvoir rentrer partout de plain-pied) et qu'ils suppléent, par leur puissance d'amour et d'adaptation, à la communion spontanée qui résulte de l'identité de milieu. Un prince ne peut épouser avec fruit une bergère que si cette bergère possède une âme de princesse, ce qui, on en conviendra, ne court pas les rues. Une des tares du monde moderne, c'est de prétendre faire un usage de ce qui ne peut être qu'une exception, et, en voulant généraliser ce qui est au-dessus de la règle, de tomber au-dessous de la règle.

Dans une union entre individus du même milieu, les habitudes, les goûts, les besoins communs, — tout ce complexe d'éléments bio-psychologiques impondérables qui constituent ce qu'on appelle génériquement les *mœurs*, — contribue à cimenter l'harmonie. Dans le cas contraire, tout le poids du passé des deux époux tend en quelque sorte, à les désunir. On ne sait pas jusqu'à quel point tel comportement matériel ou moral, absolument naturel dans tel milieu social, peut devenir un facteur de perturbation et de scandale dans un autre milieu.

Une anecdote vécue illustrera ce propos. J'assistai un jour à la conversation d'une vieille fermière de mon pays avec son fils, qui voulait épouser la fille d'un commerçant du village. La mère refusait son consentement, et, comme *ultima ratio*, elle lança, du ton dont elle aurait porté une accusation infamante, ces mots décisifs : « Ne la prends pas! Il lui faut de la viande tous les jours! » Cette réprobation était parfaitement justifiée. Dans nos campagnes, l'usage quotidien de la viande est resté, jusqu'au lendemain de l'autre guerre, incompatible avec les possibilités matérielles des travailleurs, aussi était-il considéré spontanément comme un luxe coupable, comme une sorte de vice. J'avoue que j'ai choisi là un gros exemple, un exemple limite, si l'on veut. Il n'en reste pas moins que deux époux, également pleins de bonne volonté, risquent de se méconnaître et de se heurter douloureusement par le seul fait qu'ils ont été modelés par un climat social différent. Ce poids des mœurs, ces fatalités du milieu, mieux vaut les avoir entre soi comme adjuvant que comme obstacle à l'union. Je sais bien que c'est le propre des grandes natures de vaincre de telles fatalités. Mais je parle pour la moyenne des hommes...

On peut me répondre que l'affection réciproque des époux suffit à suppléer tous ces liens climatériques, si je puis dire, et que l'amour, ayant tous les pouvoirs, a aussi tous les droits. Ici, je demande la permission de réfléchir un peu. Je ne connais qu'un amour qui soit tout-puissant : celui dont parle saint Jean dans sa définition de Dieu : *Deus est caritas*. Et puis, chose curieuse, j'ai toujours remarqué que plus un homme proclame les droits absolus de l'amour, moins l'amour chez lui fait de miracles, et plus ses « amours » finissent mal... C'est quand l'amour se croit tous les droits qu'il a précisément le moins de pouvoir. Et cela doit nous inciter à rechercher ce qui se cache, dans bien des cas, sous ce beau nom de l'amour. Par là, nous sommes amenés à parler des déterminants proprement psychologiques du choix nuptial.

Mariage d'amour ou de raison.

Qu'on me pardonne d'exhumer cette vieille antithèse dépassée par les mœurs actuelles; mais le seul fait qu'elle a pu exister pose déjà un problème redoutable. De telles dichotomies sont antinaturelles : elles naissent de la décadence des âmes et des mœurs. D'ailleurs, en présence de bien des formules de ce genre, il importe avant tout de se demander, à titre de simple hypothèse de travail, si les mots ne servent pas à recouvrir une réalité absolument contraire à celles qu'ils expriment : on fait beaucoup de découvertes avec cette méthode. Quand un mot est à la mode, c'est souvent que la chose qu'il désigne est bien rare ou bien malade dans le monde; on se précipite alors sur le mot comme sur un alibi. Pour le cas qui nous occupe, je pourrais affirmer, si j'avais comme Chesterton le goût des véridiques paradoxes, que je ne sais rien de moins raisonnable qu'un mariage dit de raison, et rien de plus égoïste qu'un mariage dit d'amour.

Les défenseurs des « droits de l'amour » n'ont pas manqué de mettre en lumière (surtout pendant le XIXe siècle) les conséquences lamentables des mariages imposés à deux êtres par des mobiles parfaitement extrinsèques à l'attrait des cœurs (considération de castes, de fortune, de situation, etc.). On a accusé le « mariage de raison » de tous les méfaits sociaux. Loin de moi la pensée de prendre sa défense... Seulement, il suffit de regarder autour de soi pour s'apercevoir que le « mariage d'amour » est très loin, aussi, d'être un sûr garant de stabilité et d'harmonie.

J'ai pris la peine de suivre dans ma région quelques cas typiques de mariage de raison [1] et de mariage d'amour.

---

1. Il serait d'ailleurs plus vrai, dans de tels cas, de parler de mariage de *tradition* que de mariage de raison.

Dans le premier cas, il s'agissait de jeunes gens qui s'épousaient presque sans se connaître, parce que la situation morale et matérielle de leurs familles était à peu près identique, et qu'un de ces marieurs bénévoles, dont nos campagnes foisonnent, était passé par là. Dans le second cas, les jeunes gens s'épousaient par pure inclination réciproque, sans intermédiaires familiaux, et souvent même contre la volonté de leurs familles. Eh bien! tandis que la plupart des mariages de raison donnaient naissance à des foyers sains et solides, c'est surtout parmi les mariages dits d'amour qu'on observait les résultats personnels et familiaux les plus négatifs : stérilité volontaire, mésentente ou séparation des époux, etc.

En réalité, raison et amour représentent ici deux attentats contre l'unité de la vie, deux idolâtries qui s'appellent l'une l'autre.

Qu'on me permette, à ce sujet, un petit excursus historique. Dans les époques classiques, les institutions morales, politiques ou religieuses dépassaient et portaient les individus qui les représentaient. La monarchie était plus que le roi, le sacerdoce plus que le prêtre. A telle enseigne qu'on pouvait alors se payer le luxe de mépriser tel roi ou tel pape sans que le principe même de la monarchie ou de l'autorité pontificale soit mis en question le moins du monde. Qu'on songe aux invectives d'une sainte comme Catherine de Sienne contre le clergé de son temps, à un grand catholique comme Dante qui colloquait en enfer le pape alors régnant!

Aujourd'hui, comme dans tous les temps de décadence, nous assistons au phénomène inverse : les institutions ne sont tolérées et aimées qu'à travers les personnes : c'est pourquoi, soit dit en passant, nous avons besoin, plus que jamais, de chefs politiques et religieux intègres et vigoureux. Plus que jamais, le chef qui manque à sa mission compromet, en même temps que sa personne éphémère, le principe éternel qu'il représente. Il est un peu angoissant de voir de faibles individus porter sur leurs épaules tout le poids des cadres sociaux. Croit-on que les Italiens et les Allemands d'aujourd'hui soient tellement attachés au principe de la dictature? Pas du tout; c'est la personne de Mussolini et de Hitler qu'ils adorent[1]. Et croit-on aussi à la possibilité actuelle d'un anti-cléricalisme qui ne soit pas, en même temps, anti-religieux? Hélas! il devient de plus en plus difficile de séparer la cause des institutions de la cause des personnes.

L'institution matrimoniale a subi, naturellement, les mêmes vicissitudes. Jadis, les personnes étaient, non seulement subordonnées, mais très souvent sacrifiées à l'institution. Sous l'ancien régime (le même état de choses existait d'ailleurs au XIXe siècle dans tous les milieux sociaux, sauf dans la classe strictement prolétarienne), une jeune fille était vouée au mariage plutôt qu'à un époux déterminé. Les personnes comptaient peu; ce qui importait, c'étaient les traditions et les

---

1. Ces lignes ont été écrites en 1937.

cadres. Cela ne laissait pas d'avoir son bon côté. D'abord, rien n'empêchait qu'un amour solide et même passionné se greffât sur une union contractée pour des raisons de pur conformisme social. Ensuite, même si l'union ne leur donnait aucune plénitude personnelle, les époux puisaient, dans ces immenses réserves de force et de continuité que sont les institutions, le goût et le courage de rester fidèles à leurs devoirs (c'est d'ailleurs le propre des climats classiques de rendre spontané et comme naturel l'accomplissement de devoirs et de sacrifices, qui, en milieu décadent, exige des soubresauts héroïques de la personnalité). Quand l'heure de la tentation sonnait, une épouse du grand siècle luttait, non seulement pour rester fidèle à son mari, mais encore — au-dessus de la personne de celui-ci — pour rester fidèle au mariage...

Tant que de telles traditions sont restées vivantes, c'est-à-dire nourries de sève chrétienne et appuyées sur la personne de Dieu, elles ont été, en dépit des excès toujours inhérents à ce qui est humain, de solides tuteurs, des appuis organiques pour les individus. Mais dès qu'elles ont été séparées du concret divin, dès qu'elles ont dégénéré en formalisme exsangue, elles sont devenues des fardeaux intolérables pour les hommes. Le mariage tel qu'il existait dans certains milieux bourgeois du XIXe siècle refusait à la personne originale et libre, à l'homme de chair et d'âme, sa place au soleil. La « loi » demandait à l'homme tous les sacrifices, et ceci sans lui offrir les profondes compensations concrètes qui accompagnent toute immolation de nature religieuse. Alors, naturellement, la réaction s'est produite : la personnalité a repris sa place; que dis-je? elle a fait comme font toutes les choses comprimées qui se révoltent : pour reprendre sa place, elle a occupé toute la place! Renversement total des valeurs : on immolait les individus aux institutions, on a immolé les institutions aux individus. On a proclamé les droits absolus de l'élection individuelle, on a tout voulu soumettre à l'arbitraire de l'amour. Le XIXe siècle offre ce curieux spectacle du conservatisme le plus plat et le plus sclérosé coexistant avec la fièvre individualiste la plus ardente.

Hélas! si ce que des classiques dégénérés appellent l'ordre et la loi n'est que le masque de l'impuissance et de l'oppression, ce que les romantiques de tout genre appellent l'amour ressemble fort à je ne sais quel voile flatteur jeté sur la divinisation de la sensualité et du moi. Tant d'hommes prennent pour une vraie passion spirituelle, pour une élection profonde, ce qui n'est en réalité qu'un très pauvre mélange d'attrait instinctif et d'illusion : rien n'est aussi parfaitement égoïste que certains mariages d'amour qui naissent, non de l'union intime de deux âmes, mais de la vulgaire soif d'un bonheur superficiel et immédiat, d'un bonheur imperméable au devoir... Et c'est pour cela que tant de mécomptes suivent de telles unions : celui qui se marie sans consulter autre chose en lui que la concupiscence des yeux et l'orgueil de la vie, comme dit saint Paul, le jour où la lassitude ou une nouvelle passion l'envahira, risque fort d'écouter, encore une fois, « la voix de son cœur » et d'exercer à nouveau « son droit à l'amour ». Il est difficile de rester fidèle à un choix opéré par l'arbitraire individuel en dehors des influences supra-personnelles qui émanent du milieu moral et social.

La loi, séparée de Dieu et divinisée, n'est qu'une abstraction épuisante. Mais l'individu concret, également séparé de Dieu et divinisé, devient, lui aussi, une abstraction sans force et sans vie. Il faut dépasser cette antithèse. Le divorce moderne entre les institutions et les individus aboutira, soit aux pires catastrophes, soit à une synthèse plus haute et plus belle que tout ce qu'on a vu jusqu'ici. Il est possible de concevoir des institutions plus adaptées qu'autrefois aux besoins et à la dignité des personnes, et des personnes plus respectueuses qu'aujourd'hui des cadres sociaux et moraux.

Déjà, dans bien des cas, le choix nuptial cesse d'être le choix de la seule « raison » ou du seul « amour », pour devenir un choix *total*, c'est-à-dire un choix de l'amour, mais d'un amour assez large et assez éclairé pour respecter et pour assumer, à côté de l'attraction individuelle des corps et des âmes, je ne dis pas les préjugés, mais les nécessités centrales de la vie sociale. Un tel choix, ai-je besoin de le dire, ne peut être qu'un choix imprégné d'esprit religieux, un choix appuyé sur Dieu, créateur commun de l'individu et de la Cité, et dans le sein duquel s'unissent toutes les choses qui, sous le climat essentiellement séparateur de l'idolâtrie, paraissent vouées à une guerre éternelle.

La vie à deux.

Après ces considérations un peu extrinsèques, revenons à la vie à deux proprement dite. Pour être pleine et féconde, l'union des époux doit reposer sur quatre choses, que je sépare pour les besoins du discours, mais qui, dans la vie, s'amalgament jusqu'à l'identité : la passion, l'amitié, le sacrifice et la prière.

Mariage et vie sexuelle.

Ils ne seront qu'une seule chair, dit l'Évangile. Je ne conçois pas le mariage sans une attraction sexuelle réciproque.

Ici, deux écueils sont à éviter : l'absence d'attrait sexuel et le primat de l'attrait sexuel. Le mariage doit aboutir à la plénitude sexuelle, mais à une plénitude sexuelle qui soit, en même temps, une plénitude humaine, c'est-à-dire qu'il doit reposer sur l'attrait des sexes, mais sur cet attrait assumé, couronné et dépassé par l'esprit.

L'homme a toujours tendance à sous-estimer ce que les philosophes appellent la causalité matérielle. On a cru trop longtemps qu'on pouvait établir l'union conjugale en dehors des règles de la sexualité. Ni la communauté de milieu ou de caste, ni l'estime réciproque, ni le sens du devoir social ou religieux ne peuvent suppléer la passion charnelle absente. Combien d'unions ont sombré totalement ou n'ont conservé que leur façade légale à cause de la mésentente sexuelle! Il faut avouer que l'éducation des filles, telle qu'elle a fonctionné pendant des siècles, constitue à cet égard un paradoxe dont on ne s'étonne pas assez. On élevait des enfants avec un mélange d'ignorance et d'horreur des choses de la chair, et puis on les jetait un jour, sans plus de souci dans une situation où ces choses, hier encore revêtues d'une sorte de *mysterium tremendum*, devaient devenir sans transition une habitude et un devoir! Comment s'étonner, après cela, de la faillite totale ou partielle de tant d'unions préparées avec un tel mépris des exigences élémentaires de la vie?

Mais une union fondée sur le seul attrait des sexes n'est pas non plus une union vraiment *humaine*. Séparées des racines, la tige et les fleurs se flétrissent, mais la racine à son tour pourrit, que ne prolongent et ne dominent plus la tige et les fleurs. Il n'est rien d'aussi vulgaire, d'aussi vide sous l'éclat des apparences, rien d'aussi fragile non plus et d'aussi vulnérable au temps qu'un amour dominé par l'impulsion des sens.

Le mariage ne résout pas la question sexuelle, a-t-on dit. Cela est vrai si l'on fait de la question sexuelle un absolu, si l'on divinise la chair séparée de l'âme (le culte du bas-ventre, la sexolâtrie sont une des plaies de notre temps). Mais cela est faux si l'on remet la sexualité à sa place, si on la considère, non plus comme un tout autonome, mais comme une partie liée organiquement à un ensemble et imprégnée par cet ensemble. Les revendications de certains apôtres de la sexualité reposent sur la confusion du sexe et de l'âme, du sexe et de Dieu. Pour nous, nous ne voulons pas d'une plénitude sexuelle qui s'achète au prix de la plénitude humaine; nous n'avons aucun goût pour des mœurs qui, sous prétexte de combler le sexe, vident tout le reste de l'homme. Le mariage seul est à même de satisfaire l'instinct sans dégrader la personne...

A ce sujet, qu'il me soit permis de dégonfler une des baudruches les mieux soufflées de la psychologie contemporaine. Je veux parler du prétendu « instinct polygamique du sexe masculin », — de ce pauvre instinct que l'institution du mariage condamnerait à de si tristes refoulements. Eh bien! en réalité, il n'y a pas d'instinct polygamique. L'instinct, en tant que tel, je veux dire l'instinct considéré dans sa pureté biologique et vierge de toute infiltration spirituelle, n'est ni polygamique ni monogamique [1]. Il est radicalement neutre à l'égard de la fidélité et du changement; il réside en deçà de ces catégories... L'instinct sexuel d'un animal est tendu vers la femelle; il lui est parfaitement indifférent que celle-ci soit la même ou une autre. Sans doute, si une femelle nouvelle se présente, il la désirera, mais ce désir portera sur la *femelle*, et non sur l'autre : il s'accommodera tout aussi bien de la même, de celle qu'il possédait hier, avant-hier ou l'année dernière, pourvu qu'elle remplisse les conditions physiologiques voulues... Ce qui pousse l'homme vers la polygamie, c'est la *curiosité*, c'est le péché de l'esprit infiltré dans l'instinct. L'instinct pur

---

1. Je parle ici aussi bien pour la femme que pour l'homme. Si la femme est plus spontanément fidèle à un être unique, cela tient non à sa vie instinctive comme telle, mais à l'intégration beaucoup plus poussée chez elle que chez l'homme de cette vie instinctive dans l'amour.

désire l'autre en tant que femme, la curiosité sexuelle désire *la femme en tant qu'autre*. C'est une grande illusion de croire que les impulsions sexuelles d'un homme civilisé ne sont faites que d'instinct sexuel; on ne sait pas jusqu'à quel point l'instinct peut être ici au service de la volonté de puissance, de la soif de connaître et de dominer. S'il en était autrement, verrions-nous tant d'hommes mettre tant d'ardeur à séduire des femmes souvent très inférieures au point de vue physiologique à leur propre épouse? Quand un homme lutte pour rester fidèle à une femme aimée, ce n'est pas l'idéal qui lutte en lui contre l'instinct, — ce sont plutôt deux « idéals » qui s'affrontent, le combat est surtout spirituel. L'idéal monogamique lutte, alors, contre cette espèce d'idéal négatif qu'est l'instinct sexuel imprégné et dépravé par l'appétit de changement, de conquête et de connaissance; il lutte contre une des multiples variétés de cette menteuse, de cette infernale soif d'infini, qui, depuis le péché originel, consume l'homme. La fidélité conjugale n'est pas un problème physiologique, c'est un problème moral. Si l'âme est profondément, simplement monogamique, l'instinct suivra toujours. On peut redire ici avec le Christ : « Si ton œil est simple, tout ton corps sera lumineux. »

La chasteté conjugale réside, avons-nous dit, non dans la négation de la chair au profit de l'âme, mais dans l'adoption, dans l'enveloppement de la chair par l'âme. Nietzsche a proféré ici cette parole suprême : « Dans le véritable amour, c'est l'âme qui enveloppe le corps. »

Il existe un matérialisme de la vie à deux, et c'est le mariage basé sur les seules joies charnelles. Mais il existe aussi un pseudo-idéalisme amoureux qui croit mépriser la chair, et qui, en réalité, est fait, non d'esprit, mais des compensations et des rêves d'une sensualité impuissante et trouble [1]. Ces deux aberrations mutilantes sont également à éviter. La vie à deux doit être un réalisme total, un réalisme centré en haut, mais étendu à tout l'homme. Les époux doivent s'élever, non en renonçant à la chair comme les ascètes, mais, ce qui est peut-être plus difficile, en entraînant la chair dans l'ascension de leur âme.

Sans doute, cet idéal pleinement humain entraîne-t-il fatalement des sacrifices d'ordre sexuel. Le premier de ces sacrifices est l'adaptation à la structure sexuelle du conjoint. Il ne convient pas en effet d'oublier, comme certains apôtres des droits imprescriptibles du sexe semblent le faire, que l'exercice de la fonction sexuelle, à la différence d'autres instincts comme la nutrition par exemple, implique un partenaire! Or la constitution sexuelle de la femme, et, partant, ses goûts et ses besoins dans cet ordre sont très différents de ceux de l'homme. Outre cela, il faut tenir compte des divergences individuelles résultant du tempérament, de l'éducation, etc. Si chacun des conjoints ne cherchait que sa

---

1. Je n'ai pas à m'étendre ici sur le problème de l'amour platonique. Il est très normal à l'époque de la puberté, et plus chez la femme que chez l'homme. Trop prolongé ou trop exclusif, je le tiens pour une compensation de qualité inférieure. En tout cas, il ne saurait exister normalement dans le mariage. La chasteté et même la continence conjugales n'ont rien à voir avec ce pseudo-idéal, cette mièvrerie irréaliste.

jouissance propre, qu'adviendrait-il ? Le sens le plus élémentaire du devoir conjugal enseigne aux époux à toujours subordonner la joie qu'ils reçoivent à la joie qu'ils donnent. Dans le mariage, le maximum de la plénitude sexuelle *réciproque* ne peut être atteint que si chacun des époux consent à sacrifier, dans une certaine mesure, sa plénitude sexuelle *individuelle*.

Il peut arriver aussi que, par suite de nécessités biologiques, sociales ou morales, le sacrifice total des joies de la chair soit imposé aux époux. Il faut alors que ce sacrifice soit un vrai sacrifice, c'est-à-dire une immolation droite et franche, en pleine lumière, sans subterfuges, sans mauvais œil, sans compensations équivoques. Précisons : ce sacrifice ne doit pas être un refoulement. Le vrai sacrifice en immolant l'instinct, le sublime et le *transfigure;* le refoulement se borne à le *transposer,* à le travestir, à faire de lui une force honteuse et sournoise qui rejaillit sur l'esprit et le contamine, une source de ressentiment, de faux idéals, de vertus pharisaïques. Après Nietzsche et Freud, il est superflu d'insister sur ce tableau... Le vrai sacrifice nourrit l'âme, le refoulement l'empoisonne.

Il y aurait beaucoup à dire sur cette sublimation des instincts chez les époux voués à une continence permanente ou transitoire. Une analyse différentielle de la sexualité supérieure chez l'homme et chez la femme serait très éclairante à ce point de vue. Mais ce problème est trop vaste et trop délicat pour être abordé ici. Contentons-nous de remarquer que, lorsque deux époux sacrifient leurs relations d'ordre proprement génital, l'homme sublime généralement son instinct sexuel en pensée, en idéal extra-personnel, la femme en tendresse. Si la femme est beaucoup moins charnelle que l'homme dans l'exercice matériel de la sexualité, elle l'est beaucoup plus dans ses sublimations les plus saines. La compénétration de la chair et de l'âme existe chez elle à un degré inconnu au sexe opposé; dans les émois les plus charnels, elle met plus d'âme que l'homme; en revanche, elle mêle plus de chair que lui aux passions de l'esprit. Il advient fréquemment que, plus une femme est privée de satisfaction sexuelle complète, plus elle devient caressante : sa sexualité, beaucoup moins localisée et brutale, beaucoup moins animale, pour tout dire, que celle de l'homme, trouve souvent, dans des manifestations très innocentes de tendresse, une satisfaction presque suffisante. Hélas! les mêmes caresses qui, pour la femme, *remplacent* la pleine possession charnelle, ne peuvent, chez l'homme, que *préparer* cette possession et, au lieu d'apaiser l'instinct, que le fouetter de plus belle. Si les femmes savaient cela, je crois que la continence conjugale deviendrait, dans bien des cas, plus facile.

Ainsi subordonnée à l'amour et au devoir et comme baignée dans l'esprit, l'union des corps revêt sa signification profonde et accomplit sa finalité vraiment humaine. Elle n'est plus seulement l'assouvissement éphémère de deux désirs soudés l'un à l'autre, la conjonction de deux égoïsmes; elle est l'expression la plus forte qui soit du don mutuel et comme le sceau matériel, le symbole sensible de l'union des âmes. A ce titre, la possession corporelle confère à l'amour je ne sais quoi d'achevé et d'irrévocable que, seuls, les vrais époux connaissent. Et c'est une grande amertume de voir tant d'êtres humains — et parmi ceux-ci tant d'époux — profaner ce signe sacré de l'amour et livrer leur chair en réservant leur âme. Au lieu de marcher la première, et souvent, hélas! de marcher seule, l'union des corps devrait suivre et prolonger un don supérieur, *descendre* de la plénitude de l'amour. Ainsi la branche livre à la terre son fruit et le ciel sa rosée.

La signification profonde de la sexualité réside dans l'usage que l'homme fait d'elle. Suivant la façon dont elle est vécue, employée par la personnalité, elle peut devenir la plus forte manifestation de l'amour spirituel ou le pire obstacle à cet amour. Au reste, l'instinct sexuel ne peut jamais jouer dans sa pureté, sa simplicité animales. Il faut qu'il monte au-dessus ou tombe au-dessous de lui-même. S'il ne s'élève pas vers Dieu, il descend vers le diable. S'il n'est pas *amour*, il devient *luxure*. On a souvent prétendu que deux époux (et le mari en particulier) peuvent se livrer à toutes leurs impulsions inférieures et commettre charnellement l'adultère tout en se restant fidèles dans l'âme. Justification hypocrite du pire désordre! Comme si la chair n'était pas, jusque dans son fond, imprégnée par l'âme! Comme si l'âme était la *captive* et non la *forme* du corps!

Je sais bien qu'un tel degré d'intégration spirituelle de l'instinct n'est pas chose commune ni facile. J'en parle comme d'un idéal que les époux ne devraient jamais perdre de vue, quelles que soient leurs faiblesses et leurs défaillances concrètes. Car si vivre dans la médiocrité est déjà un mal, consentir à la médiocrité est une sorte de mal suprême, de péché contre l'esprit.

Mariage et amitié.

Ce n'est pas sur la passion charnelle, ce n'est pas non plus (car il n'existe pas chez l'homme de passions purement animales) sur cette tendresse superficielle qui naît de l'émoi sexuel, sur cette sentimentalité de romance et de café-concert qu'on peut fonder une union solide et pure. La vie à deux exige une communion autrement profonde, autrement universelle. L'amour des époux, pour être vraiment de l'amour et non une duperie de l'instinct, doit être aussi une amitié.

Nietzsche écrit quelque part que tout homme, avant de se marier, devrait se poser cette question : Pourras-tu causer avec cette femme tous les jours de ta vie? Et, de fait, il n'est pas de pire solitude que de vivre aux côtés d'un être avec lequel on ne communie que par un attrait placé sous la dépendance immédiate de l'instinct. La chair, en tant que telle, n'est pas la porte de l'âme. C'est avec raison que le poète écrit :

Ta chair impénétrable à force de proximité, cette meule si douce et si dure, où s'aiguise ma solitude.
Ta chair que je touche et qui ne sait pas le chemin de mon essence et de mon centre.
Tandis que la plus lointaine étoile coule de mes yeux jusqu'à mon cœur.

Et Paul Géraldy, qui a très bien exprimé, dans son petit livre *Toi et Moi*, la misère de cette tendresse épidermique à coloris purement sexuel que tant de modernes prennent pour de l'amour, fait dire par l'amant à l'amante : « Si tu étais un homme, serions-nous amis? »

L'instinct sexuel, en effet, c'est l'isolement. Les bêtes se recherchent et s'accouplent, mais psychiquement, elles restent totalement imperméables l'une à l'autre. Il m'arrive souvent de contempler le superbe dindon qui orne ma basse-cour : il glousse, éternue, fait la roue, déploie tout son attirail sexuel sans que sa dinde daigne le gratifier de la moindre attention; chacun évolue dans sa sphère impénétrable comme les monades sans fenêtre de Leibniz, et quand ils s'accouplent, on songe à l'effet de quelque harmonie préétablie plutôt qu'à une sympathie, au sens psychologique du mot. Une telle solitude, si elle pouvait être consciente, serait la chose la plus tragique et la plus insupportable qui soit.

L'instinct sexuel, c'est aussi la guerre. Nul amour n'est aussi voisin de la haine que celui-là. Brutalité chez le mâle, ruse et coquetterie chez la femelle témoignent assez de cette tension entre les sexes. Naturellement, ce dualisme biologique a été considérablement aggravé et infecté par la malice de l'homme pécheur. Quand le moi (au sens pascalien et péjoratif du mot) se superpose, avec son orgueil et sa volonté de puissance, à l'instinct sexuel, l'amour devient la guerre la plus sournoise qu'on puisse rêver. Alors, l'attirance même exercée par l'être « aimé » se mue en torture et en poison. Les psychologues qui ont prétendu que l'amour de l'homme et de la femme était fondé sur la haine mortelle des sexes ne manquaient pas d'arguments concrets. Qu'est-ce que la femme fatale et perfide (Dalila, Cléopâtre, etc.) telle que nous la montre l'histoire, sinon un mélange d'instinct sexuel et de péché, — une femelle en qui se greffe sur la chair, non pas une âme qui la surélève, mais un moi qui la corrompt[1]? Or la vraie femme est avant tout une âme.

L'instinct sexuel, c'est aussi l'indifférence à l'égard de la personnalité. Dans le partenaire, l'instinct cherche son propre assouvissement, et non l'être singulier qui l'assouvit. « M'aimerais-tu beaucoup moins si j'étais un autre? » demande encore Géraldy. Ni plus ni moins, si l'instinct seul est en jeu. Nous avons vu que les questions de fidélité et de changement ne rentraient pas dans son domaine.

L'amitié, elle, pénètre l'objet aimé, vit de sa vie, épouse son âme. Et, par là, elle détruit la solitude intérieure qui affecte les êtres que l'instinct seul rapproche.

L'amitié est aussi porteuse de paix. Elle corrige et domine la tension inhérente au dualisme sexuel. Dans l'amour des sexes, elle conserve l'ardeur et apaise le conflit. Elle apprend à l'homme à dominer sans brutalité

---

1. Ce qui est tragique et prouve jusqu'à quel point l'amour des sexes s'est corrompu dans l'humanité, c'est que beaucoup d'hommes ne peuvent aimer que de telles femmes. Les mépris et les tromperies nourrissent leur passion; celle-ci s'atrophie dès qu'ils n'ont plus à douter de l'être aimé. Bien des femmes ont perdu l'amour de leur amant ou de leur époux pour avoir donné des preuves trop claires de leur affection et de leur fidélité.

et sans boursouflure, à la femme à se donner sans bassesse et sans artifice. Ici, un point particulier est à noter. L'homme n'a que l'amour spirituel pour vaincre en lui l'inconstance et la guerre sexuelles, tandis que la femme, outre cet amour, possède encore un autre instinct qui, mêlé à la sexualité, assure à celle-ci une stabilité et une profondeur qui ne sont pas dans sa nature, — je veux parler de l'instinct le plus haut et le plus pur qui soit, de la merveille biologique par excellence : l'instinct maternel. La femme, en effet, peut réaliser ce prodige (parfaitement inconnu dans le monde animal) de faire converger vers le même être son instinct sexuel et son instinct maternel. Je ne crois pas exagérer en disant que le premier enfant de toute femme née vraiment mère est son époux. Et je crois que c'est là une des racines les plus profondes de la pérennité du grand amour féminin.

Enfin, l'amitié, qui est faite d'attraction et de choix *personnels*, rend à la personne sa place dans l'amour et substitue à la *liaison* forcément éphémère de deux égoïsmes l'unité stable de deux êtres élus l'un par l'autre et irremplaçables l'un pour l'autre.

L'amitié seule permet aux époux de *se comprendre*. Mais comme cette amitié même, si spirituelle qu'elle soit, reste enracinée dans leur constitution (et par conséquent dans leur différence) sexuelle, elle revêt, de part et d'autre, des formes très différentes. Pour mieux se comprendre — et, partant, pour mieux s'aimer — les époux doivent comprendre avant tout de quel amour ils sont aimés l'un par l'autre. Plus que l'indifférence peut-être, un amour mal compris de l'être aimé risque de heurter ou de lasser celui-ci.

Le *Larousse du XX*e *siècle* nous apprend, dans l'article *Femme*, que le trait dominant du caractère féminin, c'est l'égoïsme. Chacun sait d'autre part combien les femmes sont habituées à gémir sur l'égoïsme masculin. En réalité, l'homme et la femme ont chacun leur mode spécifique d'égoïsme et d'amour.

On sait — je n'insisterai pas sur ce point souvent traité — que l'amour de la femme porte, en général, sur des objets, je ne dirai pas plus concrets, mais plus immédiats, plus matériels si l'on veut, que l'amour masculin. L'idéal de la femme est beaucoup plus « incarné » que celui de l'homme. La femme est faite pour se sacrifier aux êtres qui l'entourent et qu'elle connaît, pour assurer le devenir immédiat de l'humanité. L'homme, au contraire, est voué à un don plus universel; sa mission consiste à se dépenser — à se gaspiller souvent — pour des buts, tout aussi réels sans doute, mais beaucoup moins rapprochés dans le temps et dans l'espace. La femme veille sur les substructures, l'homme sur les superstructures. Et je ne crois pas que ces deux fonctions gagnent à être interverties comme elles le sont souvent aujourd'hui (ceci soit dit, toutefois, à quelques exceptions près). Spontanément, la conscience publique considérera comme un faible, voire comme un lâche, un homme qui, le choix s'imposant, sacrifie à l'amour d'une femme sa mission dans la Cité (ai-je besoin de rappeler le récent exemple du roi d'Angleterre?), tandis qu'une femme qui, le même choix s'imposant, renoncerait à un être aimé pour faire de la politique ou de la philosophie passerait à juste titre pour ridicule [1]. L'héroïsme est très différemment polarisé suivant les sexes... Et l'égoïsme aussi (je parle de l'égoïsme normal, du bon égoïsme) : celui de la femme consiste à s'abstraire des choses lointaines et universelles pour mieux se consacrer aux choses prochaines; celui de l'homme à négliger, dans une certaine mesure, les choses immédiates en vue d'un don plus haut et plus lointain. Cette divergence ne va pas sans quelques heurts. Un époux, par exemple, est un peu déçu quand, au milieu d'une conversation où il expose avec enthousiasme à sa femme ses idées les plus chères, celle-ci l'interrompt pour lui dire : « A propos, si je faisais un soufflé au fromage pour le dîner? » Réciproquement, les femmes s'étonnent souvent du manque de délicatesse et d'attention des hommes dans les mille petites circonstances de la vie quotidienne. Pour ne pas souffrir de cela, il faut comprendre son conjoint et savoir qu'on peut être aimé de lui autant et plus qu'on ne l'aime, mais non pas du même amour. D'ailleurs, chez les époux, la réciprocité de l'amour engendre toujours une certaine identité d'amour. L'affection de la femme s'universalise au contact de l'idéal de son époux; de même, l'amour de l'homme gagne en délicatesse concrète au contact de la tendresse féminine. La vie à deux rend à

---

1. On m'objectera les vocations religieuses très fréquentes chez les femmes; mais ceci est tout différent. Une femme qui sacrifie sa mission auprès d'êtres chers pour se donner à son Dieu, vit ce Dieu comme la personne, comme le « toi » le plus intime et le plus concret qui soit.

chacun des conjoints le plus grand service que puisse recevoir un être borné et unilatéral : être sauvé de soi-même...

Une autre différence essentielle dans la structure de l'amour des époux. L'affection féminine est infiniment moins dépendante de l'intellect que celle de l'homme. Il existe, chez la femme, une espèce d'autonomie du cœur. Un homme aime une femme pour ses qualités (il a ou croit avoir des raisons d'aimer), il justifie son amour devant sa conscience. Une femme, au contraire, aimera un homme pour lui-même; l'amour chez elle suffit à l'amour, les raisons d'aimer se confondent avec l'amour même. Un homme dira : « Je t'aime parce que tu es belle, ou douce, ou bonne », etc. La femme dira simplement : « Je t'aime parce que je t'aime! » Pour l'homme, aimer, c'est préférer. Pour la femme aimer, c'est ne pas comparer. On saisit la nuance...

C'est un lieu commun de dire que l'amour de la femme est plus « aveugle » que celui de l'homme. Ce qu'on a moins remarqué, c'est ceci. L'amour féminin, précisément parce qu'il est aveugle en tant qu'amour, parce qu'il s'appuie peu sur les raisons d'aimer, permet une plus grande clairvoyance à l'égard de l'être aimé et se nourrit moins d'illusions. Dans la mesure où l'amour est indépendant de l'intellect, l'intellect à son tour peut fonctionner indépendamment de l'amour. Et c'est justement ce qui arrive chez la femme. A la différence de l'homme, dont l'amour lié à des jugements, à des comparaisons, se sent menacé par la révélation des carences de l'être aimé et réagit par des illusions, la femme peut s'offrir le luxe d'être parfaitement lucide à l'égard de celui qu'elle aime sans que son amour en souffre. Elle n'a pas besoin de se dissimuler les misères de son époux. Derrière les qualités banales et comme interchangeables qui motivent trop souvent l'affection masculine, son amour atteint, pour ainsi dire, la substance unique et imperdable de l'être; il se situe spontanément au-delà de la déception, il n'a que faire de l'étai des illusions. C'est pourquoi on rencontre tant de femmes enflammées d'amour et d'admiration pour un homme, et en même temps parfaitement conscientes de tous les petits côtés de cet homme. C'est pourquoi aussi on peut devant une femme se montrer tel qu'on est, descendre jusqu'à la limite inférieure de soi-même, sans mettre son amour en danger (l'exemple des épouses de criminels est typique à cet égard). Et je crois, d'ailleurs, que beaucoup trop d'hommes, jugeant les femmes à leur aune, se croient obligés, pour conquérir ou pour retenir celles-ci, de dissimuler leurs faiblesses, de prendre des attitudes, de jeter de la poudre aux yeux. Ils arrivent ainsi non à accroître l'amour des femmes, qui n'a pas besoin de cela, mais à se faire moquer d'eux. C'est ce qui faisait dire à Toulet : « Les femmes le savent bien, que les hommes ne sont pas aussi bêtes qu'on croit — qu'ils le sont davantage... »

Si la chair peut rapprocher l'un de l'autre l'homme et la femme, l'amitié seule peut les ouvrir l'un à l'autre. Toutefois, et l'analyse précédente le montre assez, cette amitié ne peut atteindre que très rarement à cette parfaite transparence intellectuelle qui fait le charme unique des amitiés entre hommes. Les deux sexes, parce que complémentaires, donc différents, restent toujours un peu opaques l'un à l'autre; plus que cela, l'amour qui les unit vit de ce mystère réciproque, il repose en partie sur l'impossibilité de « se comprendre » complètement : ce qui nous attire dans l'ami, c'est ce que nous savons de lui; dans la femme, c'est ce que nous ignorons (à telle enseigne que, tandis que l'amitié croît à mesure que nous pénétrons dans l'âme de l'ami, l'amour décroît souvent à mesure que nous désincarnons la femme de son mystère, comme dit Proust). Il faut consentir à cet état de choses. Je crois que beaucoup d'époux sont déçus parce que leur amour est trop chargé d'exigences intellectuelles. Ils voudraient posséder l'épouse par la pensée autant que par le cœur. Mais une femme que nous comprendrions à ce point, nous ne pourrions plus l'aimer, car elle ne serait plus une femme, c'est-à-dire l'être étranger qui nous complète. On peut retourner le vers de Géraldy, et dire à l'ami le plus cher : « Si tu étais une femme, serions-nous amants? » Dans le mariage — je ne veux pas pousser l'analogie trop loin, mais elle existe — il faut, comme dans la vie mystique, apprendre à respecter et à aimer ce qu'on ne comprend pas totalement. L'amour de la créature, lui aussi, exige des actes de foi.

Vie conjugale et sacrifice.

S'il est pour le moraliste moderne une tâche tragiquement urgente, c'est bien celle de rappeler aux hommes la notion de sacrifice. Tous les échecs, toutes les misères du mariage procèdent de l'oubli de cette nécessité. Je ne conçois pas un mariage heureux sans un sacrifice mutuel. Nul paradoxe en cela. La première condition du bonheur c'est de ne pas le chercher. Dans cet ordre, il est permis de retourner la parole évangélique : « Ne cherchez pas et vous trouverez. »

L'homme noble cherche à vivre en homme, l'homme bas cherche à vivre heureux. Le dernier cherche, ici-bas, des choses et des êtres en qui il puisse se satisfaire, le premier cherche des êtres et des choses à qui il puisse s'immoler. On ne prend pas une épouse, on se donne à elle. Se marier, c'est peut-être la façon la plus directe, la plus exclusive de ne plus s'appartenir. Chesterton, en lisant un journal américain où il était dit : « Tout homme qui se marie doit bien se persuader qu'il renonce à cinquante pour cent de son indépendance », remarquait : « Il n'y a que dans le Nouveau Monde qu'un tel optimisme soit permis ! »

Le secret du bonheur conjugal, c'est d'aimer cette dépendance. L'être qui vit à nos côtés, nous devons l'aimer, moins dans la mesure de ce qu'il nous *donne* que dans la mesure de ce qu'il nous *coûte*.

La vocation du mariage nous voue à notre conjoint. Ce mot va loin. Il donne un sens à tous les devoirs et à toutes les douleurs de la vie commune. Il fait en particulier de la fidélité conjugale non plus une espèce de sacrifice stérile, mais un acte religieux de la plus haute valeur humaine.

On ne sait plus être fidèle parce qu'on ne sait plus se sacrifier. Tant d'hommes n'aiment que pour leur joie immédiate... Ils se condamnent ainsi à ne connaître que la surface de l'objet aimé, et dès que cette surface les déçoit, à la quitter pour une autre surface, et cela sans fin. Faire le tour de tout et n'aller au centre de rien, ne serait-ce pas là ce que certains appellent plénitude et liberté? Il est tellement plus facile de courir que de creuser! Mais celui qui veut savourer la profondeur d'une créature, celui-là doit savoir pâtir pour cette créature; son amour doit surmonter les déceptions, surmonter l'habitude, plus que cela, il doit se nourrir des déceptions et de l'habitude. L'amour humain a ses aridités et ses nuits; lui aussi ne trouve son centre définitif que derrière l'épreuve pâtie et vaincue. Mais, parvenu là, il goûte à la richesse, à la pureté éternelles de la créature pour laquelle il s'est immolé. Car si la créature est terriblement bornée en surface, elle est infinie en profondeur. Elle est profonde jusqu'à Dieu. Les poètes ont toujours chanté cette saisie amoureuse de l'éternel à travers l'être éphémère :

> Toi qui passes, toi qui t'effrites,
> Je t'ai cherchée par-delà les jours et les nues,
> Sur les plages invariables de la volonté éternelle...
> Je suis descendu dans tes entrailles
> Plus loin que les battements de ton cœur,
> Plus bas que la source de tes serments,
> Jusqu'au centre solennel où ta vie se noue à la Vie,
> Jusqu'au frémissement irrévocable,
> Jusqu'à la palpitation créatrice de Dieu!
> — J'aime ton âme!

On a pu parler de ce que la vie conjugale a de banal, de monotone, de terre à terre. Je ne sais que trop combien l'homme est capable de banaliser et de prostituer les choses les plus profondes. Mais si la vie conjugale est souvent plate, quel nom donner à la vie sexuelle extra-conjugale? Je crois que c'est une des plus subtiles malices du diable d'essayer de persuader aux hommes que l'ordre c'est la mort, et le désordre la vie. En réalité, rien n'est plus plat que le vice. Le diable n'est pas profond, — il n'est que révolté. C'est un déserteur qui essaye de se faire prendre pour un évadé [1]...

Les humbles réalités de la vie quotidienne, le cortège des petits devoirs et des petites douleurs ne doivent pas altérer la pureté de l'amour nuptial. L'idéal vrai tire une nouvelle sève de ces petites choses. Le réalisme de la vie conjugale a pour fonction, non de profaner ou de tarir l'idéal premier des époux, mais de purger cet idéal des illusions qui s'y mêlaient et de ne retenir de lui que son essence supérieure. Dans l'âme des époux dignes de ce nom, l'union de l'amour le plus haut et des nécessités les plus terrestres, les plus matérielles, crée une sorte de synthèse de l'idéal et du réel, une sorte de réalisme de l'idéal, si je puis dire, qui ne peut exister nulle part ailleurs à ce degré.

Joséphin Soulary dit que Dieu

> S'il n'était que là-haut, ne serait nulle part.

Le mariage est, par excellence, la vocation qui permet

---

1. La plupart des folies ne sont que des sottises (Max Jacob).

de mettre Dieu dans ce que la vie a de plus commun et de plus banal en apparence.

J'allais oublier une remarque capitale. Le mariage doit être un sacrifice, c'est entendu. Mais un sacrifice réciproque. Quoi de plus vain, quoi même de plus nuisible qu'une immolation à sens unique? Deux égoïsmes accouplés se freinent, et, d'une certaine façon, se neutralisent réciproquement. Mais quel bouillon de culture pour les penchants égoïstes d'une créature que de sentir autour de soi une atmosphère de dévouement inlassable! Nous connaissons tous des ménages où l'esprit de sacrifice de l'un des époux fait de l'autre un monstre d'exigence et de recherche de soi. Chaque époux doit puiser dans le spectacle de la générosité de son conjoint, non pas un *prétexte* pour prendre ses aises, mais un *motif* pour s'immoler lui-même davantage.

Amour et prière.

Se sacrifier à une créature, l'aimer malgré son néant, à cause de son néant, — l'aimer d'un amour plus fort et plus pur que le désir du bonheur, cela n'est possible que si l'amour humain se conjugue et s'amalgame à l'amour éternel.

Il ne convient pas de diviniser l'être aimé. Cette idolâtrie conduit, à brève échéance, à l'indifférence ou à la répulsion. L'authentique amour nuptial accueille l'être aimé, non pas comme un Dieu, mais comme un don de Dieu où tout Dieu est enfermé. Il ne le confond jamais avec Dieu, il ne le sépare jamais de Dieu.

« Elle regardait en haut, et moi je regardais en elle », écrit Dante en parlant de Béatrice. Là est le secret suprême de l'amour humain; boire la pureté divine dans les regards, dans l'âme, dans le don d'une créature.

Sentir l'être sacré frémir dans l'être cher,

ainsi Victor Hugo définit magnifiquement le grand amour. A ce degré, l'être aimé est vraiment irremplaçable : donné par Dieu, il est unique comme Dieu; un mystère inépuisable habite en lui. Les vrais époux conservent éternellement des âmes de fiancés; la possession approfondit pour eux la virginité. Plus ils sont l'un à l'autre, plus ils ont faim d'être l'un à l'autre. Il est une manière sacrée de posséder les choses qui, au lieu de tuer le désir, comme dans la satisfaction charnelle, l'exalte et le transfigure. Celui qui boira de cette eau aura encore soif... Comment l'amour des époux pourrait-il tarir, puisqu'ils ont été créés et unis pour se donner Dieu l'un à l'autre? La vie à deux s'épanouit et s'infinitise dans une prière unique.

IV

Purification de l'amour

Comme le coloris de la vie affective quotidienne, comme le processus de création artistique, comme l'amour divin lui-même, l'amour des créatures comporte des phases d'aridité, des alternatives d'illumination et de nuit. Là aussi, le désert précède la Terre promise...

L'amour des créatures, avons-nous dit. Le sujet est immense. Nous nous bornerons ici à parler de l' « amour » proprement dit, c'est-à-dire de l'amour des sexes, par qui se noue le lien le plus profond qui puisse unir ici-bas deux créatures.

Ce choix se justifie pour plusieurs raisons. D'abord, parce qu'il convient, sous peine de verser dans des généralités excessives, de limiter et de spécifier l'objet de son étude. Ensuite, parce que le spectacle de la vie sexuelle (j'emploie ce terme dans son sens le plus large) constitue, au point de vue qui nous occupe, un témoignage particulièrement significatif. S'il est hors de doute, en effet, que *tout* amour entre créatures — par exemple l'amour maternel ou filial, l'amitié, l'admiration même — peut connaître des périodes d'aride purification, il reste cependant que c'est dans l'amour entre sexes que ces alternatives de lumière et d'ombre se vérifient avec le plus de fréquence et d'intensité. Aucun autre amour n'est soumis à un rythme aussi orageux, à tant de hauts et de bas.

Pourquoi ce douloureux privilège? Pourquoi ces cycles amers dans l'amour de l'homme et de la femme, alors que l'affection d'une mère pour son enfant, d'un ami pour son ami évolue en général sans heurts et sans dépressions? Nous touchons là du doigt le dualisme foncier de l'amour des sexes.

Il ne s'agit pas de prétendre que des sentiments comme l'amitié, l'amour maternel ou filial, etc., ne sont pas susceptibles de purifications et de progrès; on se borne à constater que de telles affections se situent, dès leur naissance, sur un plan d'harmonie bio-spirituelle, de fidélité, d'attachement à la personne bien supérieur à celui de l'amour naissant. La composante instinctive et sensitive de ces affections est en quelque sorte spontanément « accordée » à leur composante spirituelle. L'amour des sexes, au contraire, s'enracine dans des profondeurs animales presque autonomes et terriblement imperméables à l'esprit. Biologiquement, aucune passion n'est plus inconstante, moins attachée à son objet *en tant que personne* que l'attrait sexuel. Le partenaire, dans l'ordre de la sexualité pure, ne joue qu'un rôle éphémère et subalterne de *moyen*.

Et cependant aucun autre amour n'imprègne aussi fortement, aussi totalement l'homme, dans l'ordre même de l'esprit et de la personnalité, que l'amour des sexes. Rien parmi les choses créées (et cela tous les amants le pressentent invinciblement dès que l'amour s'éveille en eux) n'enveloppe une plus grande exigence d'absolu et d'éternité que cette passion issue des émois obscurs de la chair, rien n'est appelé à unir et à combler les personnes comme cette flamme qui semble n'être par essence que la servante de l'espèce impersonnelle.

Le paradoxe de l'amour humain gît précisément dans cette disproportion entre sa racine animale et sa fleur spirituelle; il gît plus encore dans l'effacement de cette disproportion, dans la résorption de la racine par la fleur. C'est, en effet, le miracle du grand amour humain que de transmuer en aliment de la vie intérieure dans ce qu'elle comporte de plus délicatement spirituel cette force radicalement centrifuge et étrangère aux destins profonds de l'âme qu'est la sexualité. Pour combler cet abîme entre ce que l'attrait sexuel est en soi (dans l'ordre biologique) et ce qu'il peut devenir dans une âme humaine, il est donc normal que de sévères purifications soient nécessaires.

Naissance de l'amour.

Le grand amour de l'homme et de la femme ne commence pas à la chair pour finir à l'âme. A son origine comme à son terme, il bloque toujours indissolublement en lui la chair et l'âme, il meut l'homme tout entier.

Il va plutôt de la chair imprégnant, dirigeant et trompant l'âme à l'âme imprégnant et dirigeant la chair. Il part de la plénitude humaine *rêvée*, il aboutit à la plénitude réelle.

L'amour, avons-nous dit, commence à l'âme surprise et comme leurrée par la chair. Disons mieux : il commence à l'illusion. Ce sort ne lui est pas spécial. Toutes les grandes choses commencent ici-bas par un rêve. Malheur à qui n'a jamais rêvé, a-t-on pu écrire. On ne monte pas au ciel sans traverser des nuées.

L'amour naissant nous apparaît revêtu d'un nimbe d'absolu. Il promet tout. La présence, la simple image de l'être aimé sont vécues comme quelque chose d'iné-puisablement *nouveau*, *mystérieux* et *rassasiant*. Une magie subite fait crouler en nous le vieil homme et nous remplit l'âme d'une ivresse bienheureuse. Une frêle créature a paru sur notre chemin. Et voici que tout est changé pour nous. Cette créature réside maintenant au centre de nous-mêmes, au centre du monde. Elle est inexprimablement *unique*, elle est « ce que jamais on ne verra deux fois ». Par elle, notre monde intérieur se transfigure, elle éveille au fond de nous-mêmes des vir-tualités inconnues, il semble que nous recevions notre âme de ses mains. « Cette source où je puise l'existence ! » s'écrie un personnage de Shakespeare. Et l'immense univers extérieur revêt aussi, à travers elle, un aspect vierge et suprême. Écoutons les poètes chanter cette transfiguration :

L'étincelle a bu l'incendie, tes lèvres ont bu pour moi l'âme du monde... et les mots tombés de ta bouche m'ont enseigné les voies immémoriales qui rampent vers le cœur des choses...

De toi descendent le miel et l'aurore, et les moissons étoilées, et le rayon qui transfigure, et le vin sacré promis aux soifs des derniers couchants.

Une larme tomba de tes yeux. J'ai regardé le monde dans le miroir de cette larme. Et les abîmes du monde me sont apparus.

Mes regards se noient dans tes yeux...

Et voici que l'opulence des auréoles primordiales revêt la création frémissante.

Tes yeux dénouent les vieux liens rouillés de la fatigue et de la mort, toute chose devient secrète et tremblante, et les pierres du chemin même pleurent des larmes de vierge.

L'univers est un trésor enseveli sous tes paupières.

Plus que toute chose ici-bas, l'ivresse de l'amour naissant donne à l'homme l'illusion d'avoir retrouvé le paradis terrestre.

Mais cette ivresse qui promet tout et qui, parfois, paraît tout donner, il est bon de l'examiner de plus près.

Chose étrange : elle communique à l'âme une chaleur affective, une vibration lyrique indiciblement profondes, mais elle n'implique aucune purification intérieure, aucune « conversion » au sens profond du mot; elle change le coloris, mais non l'orientation de la vie affective. Moralement parlant, l'amour ne grandit pas les amants. Il révolutionne les *sensations* du vieil homme; il ne touche pas à ses mobiles, à ses intérêts, à son attitude courante en face de lui-même et du monde. L'admiration, l'amitié, l'amour maternel lui-même ne peuvent porter des fruits de joie sans un minimum de pureté et d'abnégation. Mais la joie issue de l'amour sexuel est ndépendante de l'élévation spirituelle de l'individu. A-t-on vu souvent cette plénitude que verse dans l'âme l'effervescence d'une grande passion changer quelque chose à des mobiles comme l'égoïsme, l'ambition, la susceptibilité? Trop heureux — nous allons revenir sur ce point — si elle ne les exalte pas!

Au premier regard, l'ivresse de l'amour naissant semble jaillir des profondeurs de l'âme, du centre immortel de la personnalité. Mais sa source réside en réalité beaucoup plus bas. Elle est surtout nourrie par l'instinct et par le moi — ces deux forces qui, mal contrôlées, se changent si facilement en parasites, en tombeau de l'âme.

Sous cette tendresse aérienne, sous ce nimbe de pureté qui enveloppe le premier amour, se cache l'appel voilé, mais implacable, de la chair et de l'espèce. Sans doute, quand les amants disent s'aimer de toute leur âme, quand ils se jurent une fidélité éternelle, ils parlent du plus profond de leur être. Mais l'impulsion cosmique fascine et abuse en eux la personne spirituelle, leur âme est en quelque sorte à la remorque de leur chair, et ce qu'ils appellent l'amour risque de n'être que le halo, l'antenne, le *prétexte* de l'instinct. Le premier amour n'est pas fait que de sensible et d'éphémère (comment s'expliqueraient alors sa soif d'absolu, sa foi spontanée en une personne élue entre toutes?), mais il n'atteint le spirituel et l'éternel qu'au travers et *en fonction* du sensible et de l'éphémère. Il n'est pas « sans âme », il est fait d'âme séduite et comme ensorcelée de l'extérieur.

Il imprègne toute la personne humaine, mais son centre de jaillissement réside dans les profondeurs infrahumaines de l'individualité. L'exemple de tant de pures amours qui se flétrissent dans l'âme dès que se produit la défervescence charnelle et imaginative le prouve assez.

Autre écueil : le moi (j'entends par ce terme toutes les forces si puissantes et si subtiles de narcissisme et d'auto-idolâtrie que nous portons en nous) se nourrit de l'ivresse et de la plénitude amoureuses. L'expérience des personnes et des siècles, le témoignage des moralistes et des romanciers nous montrent combien l' «amour» et l'orgueil s'enchevêtrent dans les relations des sexes. Orgueil de posséder et de dominer chez l'homme, orgueil d'être désirée et choisie chez la femme — ces mobiles sont si forts que maints psychologues en sont arrivés à ne voir dans l'amour que le duel de deux égoïsmes. Et, même chez les couples qui échappent à cette guerre, le moi ne perd pas ses droits : l'amour fait naître en eux une espèce de suffisance euphorique, d'égoïsme à deux aussi décevant et aussi vain que l'égoïsme individuel. Résumons-nous : l'effervescence amoureuse ne purifie pas l'homme; elle dilate en lui ce qu'elle y trouve : là où règnent le moi et sa vanité, elle hypertrophie le moi et sa vanité.

Le premier amour évolue sous le signe de l'idolâtrie. Ce n'est pas que le partenaire y soit trop aimé — au contraire! *On n'a jamais d'autre idole que soi-même :* le mythe de Narcisse est l'unique, l'éternel symbole de l'idolâtrie. Ce que l'homme adore ici, c'est son propre désir, sa propre exaltation; il n'aime son partenaire qu'à travers cette ivresse, en tant que source et condition de cette ivresse. L'objet de l'amour joue ici un rôle second. Les amants d'ailleurs ne se pénètrent pas, ne se connaissent pas réellement : ce qu'ils aiment l'un dans l'autre, ce n'est pas la substance éternelle de l'être, c'est un fantôme qu'ils créent à l'image de leur désir. Il y a, dans l'amour non purifié des sexes, comme une sorte de caricature monstrueusement égoïste de l'acte créateur de Dieu. Alimenté par l'instinct et le moi — ces deux forces rebelles par essence à la communion et à l'ouverture — un tel amour reste profondément subjectif. Il ne détruit pas la solitude égoïste des individus; il n'est pas libérateur, en dépit des enthousiasmes qu'il suscite : un oiseau a beau voler loin et vite, il ne possède pas l'espace, il n'est pas libre tant qu'il adore son propre vol; tandis que l'oiseau captif qui accepte les limites de sa cage est déjà libre parce qu'il communie déjà intérieurement à l'univers qui l'entoure. Un des signes concrets les plus caractéristiques du narcissisme amoureux, c'est l'hypertrophie presque constante de la susceptibilité, de l'esprit de soupçon, de querelle et de jalousie. Les amants qui s'irritent et deviennent insupportables dans la mesure où leur partenaire cesse de s'adapter à eux comme un servile reflet révèlent par là l'égotisme fondamental de leur amour.

Crise de l'amour.

Ainsi liée à la matérialité et à l'impureté humaines, cette plénitude du premier amour est essentiellement fragile. Ni la chair fugitive et périssable ni le moi fermé sur lui-même et toujours affamé de nouveauté parce que rien ne peut le nourrir ne sont capables de fournir les bases d'une affection ferme et constante. Irréaliste (car la réalité suprême de l'homme réside, non dans la recherche de soi, mais dans l'ouverture et la communion à l'autre), la première expérience amoureuse ne tarde pas à se faner au contact des réalités. L'illusion est une plante de serre... C'est alors que l'homme rentre dans la deuxième phase de l'amour : la découverte du néant.

Bien des choses peuvent rompre l'ivresse spontanée de la communion amoureuse. La déception a mille portes pour entrer dans l'âme. L'intimité quotidienne banalise et déflore d'une part les qualités de l'être aimé et fait ressortir d'autre part ses imperfections et ses misères. Ou bien, c'est la maladie ou certaines nécessités matérielles ou morales qui, en amputant l'amour des joies de la possession charnelle, le plongent dans l'aridité et l'insatisfaction. Parfois aussi, c'est le processus inverse qui s'accomplit : ces mêmes joies charnelles, durcies et vidées par l'habitude, perdent leur halo d'immatérielle pureté et n'entraînent plus l'âme dans leur sillage. Ou bien encore, un nouvel amour envahit le cœur et, en usurpant, en tirant à lui toutes les forces du désir, décolore l'ancienne affection. Dans tous ces cas, la plénitude affective fait place à la sécheresse, l'amour se trouve plongé dans la nuit.

L'homme éprouve alors l'impression amère d'être descendu jusqu'à l'épuisement, jusqu'à la limite négative de l'amour. Il lui semble avoir touché le fond de l'être aimé. En réalité, il n'a touché que le fond de lui-même, de son moi fermé, de son instinct fugitif, et comme il n'est pas fait pour vivre de lui-même, son ivresse privée d'air s'éteint et croule en cendres stériles. L'être qui retombe si lourdement en soi n'était jamais bien sorti de soi : l'amour n'avait jamais dépassé en lui la zone d'attraction du narcissisme; l'épreuve — qui n'est autre chose que le contact avec le réel — le rend à sa pauvreté, à son insuffisance essentielles. L'amant déçu qui s'imagine avoir épuisé l'objet de son amour l'a souvent à peine effleuré : ce n'est pas contre le fond d'une âme qu'il se heurte (les âmes n'ont pas de fond), c'est contre ses propres limites, sa propre impuissance. Quand deux êtres se déçoivent réciproquement, il est à peu près sûr que chacun n'a aimé que soi-même en l'autre. Et la déception leur vient, non de l'autre, mais d'eux-mêmes : de la fausse orientation de leur amour fourvoyé dans l'impasse de la recherche de soi. Les âmes s'entrepénètrent. Mais les moi ne peuvent que se heurter. Et la déception jaillit de leur choc...

Au cours de cette crise où se dévoilent, après le court étincellement des mirages, la fragilité et la misère de l'amour, il est facile d'être ingrat et dur envers l'objet de cet amour. C'est un réflexe naturel aux amants que de rendre leur partenaire responsable des douleurs et des déceptions qui naissent de leur mauvaise façon d'aimer. C'est ainsi qu'on observe parfois, entre certains époux charnellement et matériellement comblés, une espèce de « haine inexplicable » qui n'est que le résidu torturé d'une grande espérance piétinée par l'habitude et par les joies mortes d'une chair que la fraîcheur de l'âme a désertée.

Voici la peinture, en termes lyriques, de ce voyage à travers le néant, de cette crise où l'amour dépaysé doute de sa propre existence :

Petite enfant, épine enfoncée dans mon cœur,
Dans ce cœur que tu perces sans le remplir,
Je voudrais te crier : je t'aime avec la voix des parfums et des rivières, avec la voix de toutes les choses qui fuient et qui meurent à elles-mêmes...
Mais je ne fuis pas, je ne meurs pas, et l'aiguille vigilante de ma douleur, l'aiguille de ton image trop aimée tisse la solitude étouffante autour de moi, tisse l'attente insatiable et l'angoisse du présent qui ne coule plus,
Du présent qui tend inlassablement ses mains vides au vide avenir...

Ou encore :

Tu aurais pu ne pas être. Tu aurais pu ne pas être à moi. Vois quel hasard exsangue et futile et comme honteux de lui-même a marié nos chemins, quelle aurore incolore et plate a changé pour moi la forme de l'éternité...
Pourquoi te nommes-tu « Tout et Toujours », toi qui conserves sous ton auréole, sous la fatalité de ton attraction, l'odeur du néant, de la distance et de l'accident?
Pourquoi serais-tu mon centre, toi qui n'es au milieu de rien?...
Tu m'as tout donné, — sauf la puissance de recevoir! Ta fraîcheur m'a brûlé. Pourquoi n'as-tu pu recréer mon âme à l'image de mon envie, faire de moi *un autre* qui serait encore

moi? Je t'ai haïe en même temps que je t'aimais, — le goût de l'amour s'est renversé dans ma bouche!

Comme une lampe qu'on éloigne, j'ai vu notre amour s'appauvrir. Nos aujourd'hui sont des hier qui reculent et diminuent. Je respire mal sur ton sein, j'ai désiré m'évader du cercle éteint de tes regards.

Tragique épreuve (même si ce tragique n'est pas vécu explicitement par la conscience et se dilue insensiblement dans la grisaille des jours) que de se retrouver seul et vide — et d'autant plus seul et plus vide qu'on avait plus rêvé la communion et la plénitude. C'est l'heure de l'ingratitude, non seulement envers l'être aimé, mais envers l'amour lui-même. Ramené à son isolement intérieur, l'homme est porté à ne plus voir dans l'amour qu'une projection de soi, qu'un jeu subjectif :

Ce que j'aimais en toi, c'était ma propre ivresse.
(Bouilhet.)

C'est soi-même qu'on cherche en croyant qu'on s'évade.
(Anna de Noailles.)

L'amour ressemble aux auberges d'Espagne : on y trouve ce qu'on y apporte.
(Mérimée.)

Dans cette phase d'aridité, on doute pratiquement d'être deux : la réalité d'un *objet* de l'amour est mise en question. Pour peu qu'on analyse cette déception (et Dieu sait si les cervelles modernes n'y ont pas manqué!), on conçoit l'amour, non plus comme une ouverture, une offrande, mais comme un processus de conquête, d'annexion, mieux que cela, comme une forme sournoise et voilée de la desséchante *libido sciendi*. Aimer, c'est convoiter avarement le secret d'un être, non pour le partager, mais pour le tuer; c'est scruter impudiquement les entrailles de cet être, c'est tirer à soi, c'est *prendre*, et c'est en même temps stériliser tout ce qu'on prend, car l'homme ne reçoit que dans la mesure où il donne et ne possède en vérité que l'être auquel il se livre : en amour, les conquérants ne s'emparent que de choses mortes.

L'amour, pour de tels amants, est mesuré par la curiosité, par l'attrait malsain du mystère (je dis malsain, car autre chose est aimer le mystère d'une créature pour s'y enfoncer et pour en vivre, autre chose l'aimer pour l'exprimer et le jeter aux vents), — et cet amour s'éteint quand la curiosité est satisfaite. La bien-aimée n'est pas une terre qu'on cultive et qu'on habite, une *patrie*, c'est une terre à explorer, un lieu d'excursion qu'on traverse et qu'on oublie... « Il t'aimera », dit Marie Noël,

> Tant qu'à la découverte il ira dans ton cœur...
> Mais quand il aura pris tous les oiseaux sauvages
> Qui chantaient dans ton âme ainsi qu'en un bois noir,
> Quel rossignol chargé d'un plus pressant message
> Enverras-tu vers lui pour l'appeler, le soir?

Et Proust exprime très bien ce besoin stérilisant de tout savoir, de tout transpercer de lumière morte qui pousse les enfants à éventrer leurs poupées et l'avare à tuer la poule aux œufs d'or, cette soif impure du fruit de l'arbre de science qui prive l'homme du fruit de l'arbre de vie : « Nous aimons une femme pour la désincarner de son mystère. »

Cette sécheresse affective, cette éclipse sensible de l'amour peut évoluer dans trois directions.

D'abord vers la mort pure et simple de l'amour. Nombreuses sont les affections « éternelles » que quelques pulsations du temps suffisent à précipiter dans le néant.

Ou bien, vers une symbiose d'égoïsmes, vers un compromis artificiel entre deux âmes devenues étrangères et fermées l'une à l'autre :

> Reprends près de moi ton ennui,
> Moi, près de toi, je reprendrai ma solitude.

Un résidu plus ou moins mécanisé de l'ancienne tendresse peut encore cimenter ces unions mortes. Mais l'association repose surtout sur une communauté de satisfactions charnelles, d'intérêts matériels, de conventions sociales. Les époux se supportent; ils restent unis par vitesse acquise... La fréquence de ces unions précaires et factices a fourni, en tout temps, aux immoralistes le prétexte de critiques faciles contre le mariage.

Enfin, l'épreuve peut déboucher sur l'approfondissement et la transfiguration de l'amour.

Transfiguration de l'amour.

Dans les âmes religieuses, on distingue deux genres très différents d'aridité : la sécheresse dans les actes de piété peut être engendrée, soit par une purification d'origine surnaturelle, soit par la tiédeur et l'attachement aux choses du monde. De même pour l'amour profane : on ne doit pas confondre les « nuits » qui préparent un amour plus haut et plus clair et les aridités qui précèdent l'extinction de tout amour entre deux êtres. Il est une sécheresse qui mûrit et une sécheresse qui tue. Dans le premier cas, on sent l'amour comme étourdi et dépaysé, mais douloureusement vivace à travers l'épreuve; dans le second, on se détache insensiblement et sans souffrance. Toutefois, il ne faudrait pas exagérer la portée de cette distinction. Nous ne sommes pas ici en terrain mystique : nous croyons que les « nuits » de l'amour humain sont finalisées avant tout par l'attitude que l'homme adopte à leur égard, par l'usage qu'il fait d'elles. La même aridité qui, surmontée, conduit l'amour à la transfiguration peut, accueillie avec égoïsme et lâcheté, mener l'amour au tombeau.

L'intimité est la grande épreuve de l'amour. L'ardeur sexuelle s'atrophie par l'habitude ou se heurte, à cause de la maladie ou d'autres nécessités vitales, à d'inévitables sacrifices. D'autre part, la lente découverte de la *réalité* de l'être aimé détruit peu à peu l'idole intérieure que nous nous étions forgée de lui, et qui n'était autre chose que *la projection idéalisée de nous-mêmes,* l'image de ce qui nous manque. La découverte de l'autre est amère à l'idolâtrie narcissique...

L'amour se trouve alors placé dans un carrefour. La chair et le moi ne trouvent plus leur pâture dans l'être aimé. Il faut que l'âme intervienne dans sa profondeur et sa pureté — ou que l'amour meure. C'est l'heure de l'héroïsme, l'heure de la guerre sainte (la seule guerre licite et pure en amour !) où l'homme doit s'armer, non pour conquérir un autre être, mais pour défendre le don qu'il a fait de lui-même; c'est l'heure de *croire* en l'être aimé en dépit de l'ivresse morte et des déceptions, et, quelle que soit la part d'illusions et d'impuretés qui dicte aux amants le mot : toujours, c'est l'heure de sauver de l'avortement ce germe d'éternité enclos dans l'amour naissant.

Celui qui aime à travers la déception aime enfin l'objet pour lui-même. Une sorte de « décentration » se produit dans ses sentiments : à la boursouflure subjective du premier amour, succède la perte de soi. L'amant apprend le réalisme de l'amour : il se sent lié, vaincu par l'autre, envahi par une destinée étrangère. Il aime de plus loin que les sens, de plus loin que tout désir. Et une nouvelle joie se lève en lui : la joie grave, silencieuse et incorruptible de se donner. Aussi aime-t-il maintenant la créature pour sa pauvreté. Plus elle est pauvre, plus il peut lui donner. Sa dilection est si chaste qu'il voudrait s'offrir tout entier à l'être aimé, sans même effleurer celui-ci d'une exigence en retour. L'amour se situe hors de la zone inférieure de l'échange, du *do ut des;* il se nourrit de la déception.

Mais, là aussi, il est vrai que celui qui consent à perdre son âme la retrouve immortalisée. L'homme qui a tout donné est prêt à tout recevoir. Aimée avec cette pureté, la créature devient une source inépuisable de délices. A l'heure de l'aridité, l'amant croyait avoir touché le fond de l'objet aimé. Mais il n'avait touché que le fond de son désir, de son idole. Or, les idoles sont *plates*. Il découvre maintenant l'âme de l'être aimé. Purifié par l'épreuve, par sa fidélité à travers l'écroulement de tout ce que son amour comportait d'étroit et d'impur, il est capable de communier à cette âme. La créature lui devient alors transparente et libératrice jusqu'à l'infini. Il a aimé le vide en elle, et voici que ce vide se peuple de dons merveilleux comme un espace désert que la lumière envahit. Car la créature n'ouvre ses vrais trésors qu'aux cœurs vierges de convoitise; elle ne livre son être profond et immortel qu'à celui qui l'a aimée d'abord pour son néant.

Il n'est rien de plus pur et de plus saturant parmi les choses créées que cette délivrance de l'amour des sexes. Résurrection plus fraîche, plus tendre et plus vierge que la naissance, et revêtue en même temps d'éternité. L'amour-plaisir et l'amour-vanité sont dépassés; l'homme n'est plus l'esclave torturé de son désir; il est l'esclave d'une âme, et dans cette dépendance il trouve la paix et la liberté. La tendresse qui émerge du néant est indiciblement sereine : elle ignore les peurs, les doutes, les jalousies. Les amants ne se sentent plus menacés par les hasards, car ils sont liés l'un à l'autre par la source même de leurs destinées, par ce fond de l'être qui ne ment pas et qui ne meurt pas : une ineffable sécurité enveloppe leur amour : celui-ci se confond maintenant pour eux avec l'existence, avec la nécessité. Et le désir même perd chez eux son caractère ordinaire de besoin et d'inquiétude; il est tranquille et comme débordant; la faim est déjà rassasiement, espérer et posséder se confondent... Alors l'âme comprend ce que c'est que l'amour, ce que c'est, suivant les antiques définitions, que de « sortir de soi » *(amor trahit amantem extra se)*, que de « vouloir le bien » d'une autre âme. Elle pénètre à fond le sens de ce mot qui délie en enchaînant : je t'aime [1]. Jusque-là, elle avait cru aimer; ce n'est qu'au terme de l'épreuve que le vrai visage de l'amour lui apparaît. Réveil, non seulement plus vrai, mais plus beau que le rêve...

Au cours de cette phase d'illumination, l'homme expérimente combien étaient vrais, malgré tout, le pressentiment et la soif d'infini de l'amour naissant. Cette pureté, cette plénitude rêvées dès l'aube de la tendresse, et que les âmes qui se couchent sur leurs déceptions traitent si facilement d'illusions, il sait aujourd'hui que ce sont des choses aussi réelles que la morne cendre des jours, — plus réelles même puisqu'elles puisent leur sève dans cette cendre. La douleur tient les promesses de l'amour naissant.

Ce qui importe avant tout pour l'âme, dans cette crise de l'amour, c'est de savoir mourir pour renaître, c'est de ne pas résister aux transformations qu'enfante l'épreuve. La vraie fidélité consiste à dominer et à intégrer le changement, non à le supprimer. C'est la plus

---

1. En italien, on dit volontiers pour exprimer son amour : *ti voglio bene* (je te veux du bien). Je ne sais rien de plus émouvant que cette expression de la langue affective et populaire, qui coïncide parfaitement avec la définition métaphysique de l'amour.

dangereuse tentation des âmes aimantes que de se retourner, aux heures d'aridité, vers le berceau de leur tendresse. « Rappelle-toi quel fut le commencement de notre amour », chantait le troubadour. Mais les cycles spirituels ne consistent pas, comme les cycles cosmiques, en simples répétitions du passé; ils débouchent, à chacune de leurs phases, sur une imprévisible nouveauté [1]. L'épreuve n'enfante pas une joie identique à la joie perdue, elle enfante une joie *autre*. Le regret idolâtrique de l'aurore fausse et stérilise le rythme purificateur de l'aridité : celui qui soupire après un bonheur passé s'apercevra, suivant la parole d'un autre troubadour, « qu'aujourd'hui vaut toujours moins qu'hier ». Nos lendemains ne doivent pas être des hier replâtrés, mais des hier transfigurés. Il ne faut pas se raccrocher aux rêves anciens, il faut laisser mourir les rêves. « Malheur à qui n'a jamais rêvé », avons-nous dit. Mais il est plus vrai encore de dire : « Malheur à qui ne sait pas mourir à son rêve! » Comme les nuées sur l'horizon, le rêve brouille dans l'âme la terre et le ciel; en se dissipant, il rend l'homme à la vraie terre et au vrai ciel. La mort des illusions n'entraîne pas l'enlisement dans le « terre à terre », le consentement à la médiocrité; elle permet au contraire le face à face loyal de la terre et du ciel, l'union directe et harmonieuse des réalités d'en bas et des réalités d'en haut.

Le voyage de Colomb vers l'Amérique symbolise à

---

1. On lira avec fruit sur ce sujet la riche étude de M. Jean Guitton, sur *Les Rythmes* (*Les Rythmes et la vie*, Éditions du Groupe lyonnais, pp. 1-18).

merveille le mouvement transfigurateur de l'amour. On tourne d'abord le dos à l'Orient, à tous les berceaux de l'aurore, on s'enfonce, sans regarder en arrière, dans le pays de la nuit; on marche à rebours de toute enfance pour retrouver au fond de la mer occidentale, un orient éternisé, une immobile aurore — et l'Océan *pacifique!* Car si la joie accompagne l'amour naissant, *la paix dans la joie* n'est possible qu'au terme du pèlerinage de la douleur. Ce n'est pas par hasard que le Nouveau Monde n'a pas été découvert par la route de l'Orient, du passé...

Ce passage de l'amour à l'état suprême, cet allègement, cette délivrance d'une âme qui, frappée dans ses appétits sensibles et égoïstes, ne trouve d'issue que du côté de l'infini sont très bien exprimés dans ces lignes que nous extrayons du journal d'une épouse douloureuse :

La route de la libération d'amour comporte bien des paliers. N'est-il pas écrit : *Il y a bien des demeures dans la maison de mon Père?* Après chaque étape, l'âme se sent plus dépouillée, plus décapée. J'ai perdu, au cours de mon pèlerinage de souffrances, ce besoin effréné de possession, ces « mon », ces « ma » dont j'encerclais mes plus chères amours, sans me rendre compte qu'en les étreignant je les réduisais à ma mesure. Moins on étreint, plus on possède. L'amour est acte de volonté, non de sensibilité. Mieux : la sensibilité est l'ennemie de l'amour qu'elle refoule vers le domaine de l'instinct et maintient sur un plan inférieur où il exultera, gémira, délirera... Puis, ce sera la mort, après un bref et éclatant paroxysme. L'amour est acte de volonté continu qui tend vers l'immuable [1]...

1. Ces notes expriment une expérience personnelle et non des vérités absolues. La sensibilité est en soi la servante, l'alliée de l'amour; elle ne devient son ennemie que dans la mesure où elle sort de son rôle subalterne : un allié trop exigeant se change *ipso facto* en ennemi!

Mais, pour parvenir à cet immuable repos, il faut avoir foi dans l'aurore que la nuit porte dans ses flancs. Il faut savoir arroser encore, au prix d'un ingrat effort, les fleurs fanées du premier amour. L'effeuillement de la fleur précède et prépare le fruit. Le malheur de l'homme, c'est de s'attacher à la fleur, à l'ivresse naissante, et, ne voyant rien au delà, de courir de fleur en fleur pour arriver à mourir de faim sur un tas de pétales desséchés. Misérable coulage de l'amour! Mais à celui qui sait résister à la flétrissure de ses joies immédiates, il est réservé d'être non seulement enivré, mais *nourri* par l'être aimé. La fleur n'a que son parfum, mais le fruit est à la fois parfum et aliment... Il ne s'agit plus alors d'émotions fugaces, de dons éphémères, mais d'un échange silencieux et substantiel d'âme à âme, qui n'a rien à craindre de la monotonie des jours, mais que l'habitude au contraire développe et approfondit. L'intimité de la vie commune, qui dissipe impitoyablement les amours mirages, renforce et virginise, si je puis dire, les amours vraies :

Hors du quotidien, hors de la familiarité grise et douce de l'horloge intarissable

Peut-on trouver un aliment pur, une eau sans mélange?

L'ivresse trop fière et trop solitaire pour s'endormir dans les bras de l'habitude n'est qu'un fantôme d'ivresse... Elle a peur du sommeil et de l'habitude parce que la vie n'est pas en elle.

Parce qu'elle usurpe la vie, et que la détente du repos, l'abandon au fil des jours dévoileraient son imposture.

Éveillé, crispé, rare, éphémère — tel doit être le mirage; l'illusion n'a pas le droit de s'asseoir.

Tous les fards croulent sous le filet d'eau de l'habitude,

Le repos est l'épreuve du mensonge...
— Mais toi, ma source inaltérée,
Toi qui coules sans réticences dans le lit de l'habitude,
Constante jusqu'à l'oubli, transparente jusqu'au néant,
Pure enfant de l'éternité,
Toutes les heures sont tes sœurs !
— D'autres breuvages m'ont donné l'ivresse,
Ta coupe seule m'a versé la vie...

Résumons-nous : l'amour impur affame l'homme parce qu'il vit de convoiter, — l'amour purifié le nourrit parce qu'il vit de se donner.

Les « nuits » de l'amour humain ont pour fonction de remettre la sexualité à sa place, d'intégrer l'impulsion instinctive dans l'amour spirituel. Par elles, se réalise cette unité foncière, absolue entre deux personnes, pressentie et exigée par l'amour naissant. Car il serait faux de croire que l'éveil de l'amour soit un pur mirage, une pure tromperie de l'instinct. Ceux qui tentent de ramener tout l' « idéal » des amants au simple jeu des besoins animaux se contredisent dans leurs propres expressions. Que signifient en effet les formules de « ruses de l'instinct », de « sexualité déguisée », etc., qui reviennent toujours sous leur plume? Pourquoi ruse-t-on, si ce n'est pour tromper quelqu'un? Et pourquoi se déguise-t-on, si ce n'est pour ne pas être reconnu par quelqu'un? Si l'instinct était le seul moteur de l'amour, il n'aurait que faire de ces subterfuges : le fait même qu'il a besoin de ruser implique l'existence d'un amour qui le transcende. Mieux que cela : si l'instinct se revêt ainsi d'un masque de valeurs « nobles », s'il excelle à se justifier devant l'esprit, c'est qu'en réalité il se sent fait pour être surélevé par l'esprit. *Le masque est, pour ainsi dire, le premier stade, l'amorce de la transfiguration* : l'impulsion cosmique trompe la personne jusqu'au point où la personne domine et transfigure l'impulsion cosmique. Mystérieuse antinomie, qui se résout dans une harmonie supérieure où se manifeste par excellence l'ordre profond de la création : parmi les instincts humains, aucun n'est plus éloigné de la conscience et de l'esprit, plus enraciné dans l'impersonnel et l'anonyme que l'instinct sexuel, et cependant, nulle autre passion animale ne présente une telle affinité avec les choses de l'âme, n'élève vers les cimes de l'homme des antennes plus subtiles et plus suppliantes. Les autres instincts (ceux qui tendent à la conversation de l'individu, comme la faim par exemple) se manifestent à la conscience dans leur pureté, leur simplicité biologiques; ils sont très faiblement « idéalisables », et c'est pour cela qu'ils ne portent pas de masques! La sexualité qui joue à l'idéal révèle par là sa parenté profonde avec l'idéal : elle porte un masque, comme une excuse et un compromis intérieurs, dans la mesure où elle cherche encore (parfois d'une façon terriblement impuissante) son vrai visage.

Dès le premier contact entre les amants, c'est donc bien vers la réalité spirituelle de l'homme, vers l'âme éternelle et irremplaçable que s'élance obscurément le désir. Mais la sexualité n'a pas malheureusement que cette seule parenté avec l'esprit. Si l'instinct sexuel s'adapte à l'amour de l'esprit par sa finesse et sa profondeur humaines, il s'apparente plus encore peut-être, par sa violence et son épaisseur animales, au désordre de l'esprit, à la volonté de puissance déréglée. D'une part égoïsme animal, de l'autre égoïsme spirituel. Des deux côtés, même ignorance de l'objet, même incapacité de don. L'instinct, en tant que tel, ne cherche dans le partenaire que sa propre satisfaction, la volonté de puissance ne voit dans les personnes humaines qu'une matière servile à conquérir et à dominer. Aussi, sexualité et orgueil soutiennent (comme nous l'avons déjà montré plus haut) des rapports profonds et intimes dans l'âme des hommes et se nourrissent, s'exaspèrent réciproquement. Il serait facile d'apporter ici une multitude d'exemples. Un des plus probants nous est fourni par cette humiliation qui confine au désespoir, ressentie par ant d'hommes affectés d'impuissance sexuelle.

La souffrance et l'aridité, en barrant momentanément a route à la volupté fermée de la chair (plaisir animal) t à la volupté fermée de l'esprit (joie de s'affirmer), nènent les amants, non pas à une union asexuée, mais une union où l'attrait des sexes se retrouve à travers 'amour des personnes. La sexualité descend alors pour insi dire de l'âme. L'équilibre, la synthèse humaine de 'amour des sexes s'établissent : le vague sentiment 'immortalité spécifique qui habite l'instinct se reconnaît t se fond dans le sentiment de l'immortalité des per-onnes, qui est l'essence de l'amour. C'est alors seule-nent — disons-le en passant — que la sexualité *humaine* léploie ses vraies richesses. Il y a, dans toute âme, des nuances et des profondeurs spirituelles conditionnées par la différence des sexes, et qu'une polarisation trop charnelle de la sexualité opprime et flétrit. La matérialisation de l'attrait sexuel a toujours beaucoup coûté à l'amour des sexes [1]. Autre chose est l'attrait du sexe, autre chose l'amour d'une âme spirituelle sexuée. Ce sont les débauchés et les séducteurs qui jouissent le moins des profondeurs secrètes de l'âme féminine : Don Juan fait de sa sexualité un usage beaucoup plus pauvre que bien des hommes parfaitement chastes... Quoi qu'en puissent dire les apôtres du primat de la volupté, l'homme ne peut être pleinement sexuel qu'en état d'abord pleinement personnel, pleinement homme. La sexualité qui prétend s'isoler de la personne se ruine elle-même.

Ainsi l'amour atteint sa mesure suprême et définitive. Les amants n'aiment plus seulement, suivant le mot de Nietzsche, leur propre penchant, ils aiment *d'abord* l'être vers lequel ils penchent. Ils aiment leur joie à travers l'être aimé, et non plus l'être aimé à travers leur joie : « Je ne t'aime pas pour ce que tu donnes, je t'aime pour ce que tu es. » L'image idolâtrique du premier amour est morte; les créatures s'aiment, non plus telles qu'elles se sont rêvées, mais telles que Dieu les a faites. L'amour n'exclut alors ni les ivresses ni les douleurs, au contraire, mais il se situe dans sa source au delà de l'ivresse et de la douleur; il est comme la respiration de

---

1. Qu'on nous entende bien : nous ne prêchons pas, en matière sexuelle, une sorte d'angélisme wagnérien. La sexualité que nous défendons est une sexualité *humaine*, c'est-à-dire faite comme l'homme de corps et d'âme, mais d'âme informant, dominant le corps.

deux substances entremêlées qui, pour se chérir, n'ont besoin que d'exister :

Offrande du soir. Je ne t'avais encore donné que mon ivresse ou que ma douleur. Aujourd'hui, voici mon âme,
Cette essence nue, cette miette d'éternité qui ne s'exhale pas avec les baisers, qui ne coule pas avec les larmes.
J'ai aimé d'abord en toi ta richesse. Et puis j'ai chéri ta pauvreté. Aujourd'hui, je t'aime!
Je t'aime du simple amour que rien ne dépasse et ne guide!
La joie et les larmes le suivent : délices et peines s'emmêlent dans son sillage. Mais rien ne le précède. Nulle étoile ne flambe au-dessus de lui!

Cette liberté dominatrice à l'égard du sensible et du temporel, propre au grand amour « par qui l'homme s'éternise », comme dit Dante, nous semble assez bien exprimée par le quatrain suivant :

Mon désir aujourd'hui vit de ton seul silence,
Et quelque chose en moi pleure au delà des pleurs.
— Donne-moi ton amour plus dur que la souffrance,
Donne-moi ton amour plus pur que le bonheur.

Une dernière question, que nous ne voulons qu'effleurer. L'ascension de l'amour humain, telle que nous venons de la décrire, est-elle possible dans l'ordre purement naturel, dans la ligne de la *seule* affection entre créatures? Nous ne le pensons pas. Pour aimer un être fini malgré son néant, à cause de son néant, pour l'aimer au delà de ses limites, il faut l'aimer comme *messager* d'une réalité qui le dépasse. On ne peut pas aimer absolument le relatif en tant que tel. Au reste, dans tout grand amour, même non purifié, l'homme s'abreuve à la créature comme à un canal, non comme à un vase. L'âme élue, à l'aurore de l'amour, est la messagère de la plénitude cosmique; dans l'amour purifié, elle est la messagère de la plénitude divine. Elle fait d'abord communier l'homme à l'âme sensible du monde, pour lui révéler ensuite, à travers la Croix, l'âme spirituelle qui crée et porte le monde. Son vide même est alors aimé comme une porte ouverte sur l'Être. On ne saurait aller très loin dans la transfiguration d'un amour humain si l'on n'aime déjà Dieu, d'une façon aussi implicite et aussi voilée qu'on voudra, à travers la créature, et si Dieu ne se donne à travers elle. Cette montée héroïque de l'amour humain n'est possible qu'aux âmes profondément religieuses; elle implique *au moins* un pressentiment informe du surnaturel, une attente obscure du gouffre de l'amour divin, dont les amants penchés sur l'extrême promontoire de l'amour créé perçoivent l'appel illimité. — L'essence dernière du grand amour de l'homme et de la femme réside dans une suite de confidences et de grâces divines faites à une âme par le canal élu d'une autre âme (cet effacement en faveur de la cause seconde est le signe d'une des plus profondes délicatesses divines). La créature ici donne plus qu'elle-même (tes mains sont plus riches que ton âme, disait le poète à sa bien-aimée...) : elle révèle à une autre créature, choisie entre toutes, le secret divin du monde et le secret humain de Dieu :

Tu as tué le rêve en moi...
En te mêlant à mon âme, tu m'as appris que le monde est un.
Que tout n'a qu'un nom devant l'amour,
Et que ce nom est prière!
Par toi, je suis rentré dans la profondeur sans coupure où plus rien ne sépare et ne gradue les choses, là où l'univers n'a plus de haut ni de bas, où ne gémit plus qu'une identique créature devant l'identique Dieu...
O âme étroite et sans fond... ô parfaite dans ta pauvreté, ô débile élue de toute richesse, ô support tremblant du monde et de Dieu!

Deuxième partie

De toutes les valeurs humaines, l'amour est celle qui promet le plus et qui tient le moins. Aucune ne s'impose avec une fatalité plus ardente, aucune non plus n'est aussi soumise à l'usure et au mensonge. Et cependant les amants les plus vulgaires murmurent : toujours, en même temps qu'ils échangent leur premier baiser. Il ne leur suffit pas que leur cœur déborde, ils veulent encore que cette plénitude soit immortelle, et leur fugace bonheur serait empoisonné s'ils savaient qu'il va mourir. La grande question de Dante : apprends-moi comment l'homme s'éternise pèse plus lourdement sur la ferveur des amants que sur tous les autres élans qui peuplent notre âme.

A cette question, les pensées qui suivent essayent d'apporter le rudiment d'une réponse. Cette réponse est chrétienne. Et c'est précisément dans cette exigence de plénitude et de pureté religieuses, dans cet effort de rattachement de l'amour humain à l'absolu qu'il faut chercher le secret de nos affirmations opposées. Plus la promesse est sublime, plus *l'avortement est monstrueux : nous méprisons ou nous bénissons l'amour suivant qu'il se rapproche de son pôle idolâtrique ou de son pôle divin. C'est là, du reste, une tradition aussi ancienne que le cœur de l'homme. Quand Gœthe écrit que « l'éternel féminin nous attire en haut », il ne contredit pas la dure sagesse de l'Ecclésiaste affirmant que « la femme est plus amère que la mort ». Il s'agit seulement de savoir si la femme est une porte ouverte sur Dieu ou une idole qui voile Dieu. C'est parce que nous croyons à la vérité de l'amour que nous sommes si sévères pour ses mensonges. L'altitude et le gouffre se répondent : on ne tombe que d'en haut. Et l'enfer n'est peut-être pas autre chose qu'un paradis fermé.*

L'unique problème est d'ouvrir l'humble paradis de l'amour, de faire du mur une porte. Et, pour cela, de créer entre les amants un lien commun assez fort pour assurer l'immortalité du lien réciproque. « Aimer, écrit magnifiquement Saint-Exupéry, ce n'est pas se regarder l'un l'autre, c'est regarder l'un et l'autre dans la même direction. » Nous ajouterons en chrétien : c'est regarder et marcher ensemble du côté de Dieu.

I

La chair et l'âme

PARADOXE DE L'AMOUR. — La racine des déchirements, des échecs, des bassesses et des folies que « l'amour » traîne après lui réside en ceci : l'amour des sexes est à la fois la chose la plus commune et la plus rare, la plus facile et la plus ardue : à côté de l'épaisse attirance animale, il porte en lui l'exigence de la communion la plus élective, la plus personnelle, la plus solitaire qui soit; il faut qu'il embrasse et qu'il unisse l'extrémité matérielle et l'extrémité divine de l'homme. Une femme passe : l'instinct crie après elle, et comme l'instinct est pressé, il persuade l'âme que c'est là l'élue et l'unique (ainsi naissent tous les mensonges de l'amour). On baise des lèvres, on prend des corps, on parle d'éternité pour légitimer un présent impur, on croit bien d'ailleurs que l'âme suivra : on tire sur la laisse et on étrangle l'âme.

La forme authentique de l'amour est si profonde et si vaste, elle implique une telle harmonie des contrastes qu'elle appelle, qu'elle exige presque ici-bas la caricature. L'amour sexuel, s'il ne nous fait pas monter tout entiers, nous fait descendre.

La sexualité humaine est fatalement placée dans cette alternative : ou contrôlée et *surélevée* par l'amour de l'esprit, ou *prostituée* par le péché de l'esprit.

La sexualité décadente se reconnaît à ce signe qu'elle ne peut qu'osciller entre l'amour platonique et la luxure, entre le rêve et la boue.

Double source de l'ivresse. — L'ivresse qui ne ment pas, ce n'est pas celle qui descend des lèvres au cœur, c'est celle qui monte du cœur jusqu'aux lèvres.

Nous lisons dans une épigramme du XVIIIe siècle, inscrite au bas d'un portrait de l'Amour, le vers terminal suivant :

> Et je meurs par la jouissance.

Cette banalité paraît profonde aujourd'hui. En nos temps d'exaltation niaise et caduque de la volupté (je ne dis pas de la volupté en soi, mais de cette caricature exaspérée et appauvrie de la plénitude sexuelle que l'homme moderne encense sous le nom de volupté), il est doux de constater qu'au temps de Voltaire on savait encore qu'il est des plaisirs qui tuent. En vérité, parmi les choses humaines, rien n'est plus difficile à « délivrer », à purifier que le plaisir. On pourra toujours objecter qu'un amour que la volupté et la « possession » dissipent n'était fait que de l'attente de cette volupté, de tension charnelle, et *méritait* par conséquent de mourir. Qu'en sait-on? Et que sait-on en général des conditions et des adjuvants physiologiques des plus grands essors de l'homme? Qui nous dira le poids de pureté, de tourment et d'amour spirituels que peut *supporter* la corde tendue de la chair? Et si cette corde se détend, malheur aux trésors de l'esprit qui pèsent sur elle! La volupté peut tuer autre chose en nous que l'attente de la volupté. Le plaisir meurtrier vise au-delà de lui-même, il vise *en haut*.

SEXUALITÉ PAIENNE ET SEXUALITÉ CHRÉTIENNE. — De Catulle à Pierre Louys, l'amour païen, dans la femme, voit l'âme à travers le corps. L'amour chrétien, lui, regarde et aime le corps à travers l'âme. Le premier rétrécit l'âme à la mesure de la chair caduque et mourante (toutes ses plaintes sur la brièveté décevante de l'amour et du bonheur n'ont pas d'autre sens); le second élargit, éternise la chair à la mesure de l'âme (dogme de la résurrection de la chair). Qui la révère donc le plus, cette chair, de celui qui lui prostitue tout, même l'esprit, ou de celui qui la fiance à la pureté éternelle de l'esprit?

Amour, chair qui se dilate; égoïsme, chair qui se rétracte : oscillation entre deux pôles aussi terrestres l'un que l'autre. Peut-être l'homme commence-t-il à être sauvé lorsqu'il se rend compte de toute son âme que ce qu'il appelle son amour est une chose aussi vaine et faite de la même fatalité charnelle que ce qu'il appelle son égoïsme. Le seul amour qui nous fasse vraiment sortir de nous-mêmes ne procède pas de la nature, mais de la grâce.

Violence et profondeur. — La violence d'une passion fait croire souvent à sa profondeur alors que, la plupart du temps, elle exclut la profondeur. Une surface agitée frappe les regards et bouleverse les cœurs plus qu'un abîme silencieux, et c'est pourquoi les passions issues de la chair et de l'imagination (l'amour des sexes et les engouements politiques en particulier) sont à la fois si enivrantes et si décevantes. Enivrantes comme le spectacle d'un orage sur la mer et fugitives comme lui...

Drame de l'amour qui avilit de part et d'autre. L'homme est plus haut que la femme par son esprit, il est plus bas par sa chair. Pour aimer la femme, il faut qu'il descende de son esprit, mais alors il ne s'arrête pas dans la zone intermédiaire du « cœur » où réside la femme : il s'enlise dans la chair, et il entraîne la femme avec lui.

J'ai cherché en toi une âme. Hélas! je n'ai trouvé qu'un cœur...

Comme le savant matérialiste, les amants acharnés à chercher l'amour dans la volupté ne trouvent pas d'âme au bout du scalpel de leurs baisers.

Le conflit entre « la chair et l'esprit » réside surtout à l'intérieur de la chair : ce qui, en nous, méprise la chair et juge les joies des sens basses ou impures, ce n'est ni l'esprit ni l'idéal vrai, c'est l'imagination et ses fantômes, la face « mystique » et déliée de la chair... La volupté n'est impure qu'aux yeux du rêve, car ici les deux adversaires chassent sur le même terrain, et l'un décroît quand l'autre grandit.

L'âge où le conflit entre la chair et l'esprit est le plus aigu, où le dégoût des choses de la chair est le plus violent est précisément l'âge de la grande fermentation de l'imagination et du rêve : l'adolescence.

PROBLÈME DE LA FIDÉLITÉ. — La fidélité dans l'amour de l'homme et de la femme a deux pôles : un pôle animal et un pôle spirituel. Il y a une fidélité purement charnelle que l'expression vulgaire « avoir dans la peau » exprime très bien. Certaines passions, quand elles pénètrent les couches profondes de la sensibilité, acquièrent la constance et la nécessité d'un besoin organique, et beaucoup d'amants sont fidèles l'un à l'autre comme le chien à son maître. Ce qui est inconstant en nous, ce n'est pas l'animal, c'est l'esprit asservi à l'animalité, autrement dit le péché de curiosité infiltré dans une chair qu'il affole. Au sommet réside la fidélité de l'esprit mûr qui domine les sens. Passer de l'inconstance à la fidélité, ce n'est pas aller de la chair à l'esprit, mais de l'esprit *charnel* à l'esprit *incarné*.

★

AMOUR ET MARIAGE. — Hors du mariage, ou de ce qui tend vers le mariage (et je désigne par ce mot la communauté vivante et indissoluble de deux destinées plutôt que le passeport officiel octroyé par la société à l'amour!), l'union de l'homme et de la femme ne peut être qu'un rêve ou une malpropreté. Et, très souvent, l'un et l'autre à la fois : un mélange d'éther et de boue. Car on passe, avec une extrême facilité, dans tous les domaines, de la chimère à la fange. La nuée qui crève se résout en boue.

II

Femmes

Pour la femme qui aime, l'homme est une fin. Mais pour l'homme le plus aimant, la femme reste encore un moyen — le plus haut moyen sans doute —, un mélange de moyen et de fin, mais jamais une fin pure. *La femme est faite pour l'homme et l'homme est fait pour Dieu.*

L'homme convoite, la femme se donne. Et l'égoïsme masculin n'a rien en soi qui puisse choquer la femme : il est normal et bienfaisant pour elle que l'homme n'aspire qu'à prendre puisqu'elle n'aspire qu'à se donner. Ce que la femme exige de l'homme, ce n'est pas un amour exempt de convoitise (n'en déplaise aux idéalistes, c'est là son dernier souci), c'est *la constance dans la convoitise.* Elle accepte volontiers de n'être qu'une proie à condition que l'homme reste fidèle à cette proie. En quoi elle demande l'impossible, car il est de l'essence même de la convoitise de changer d'objet. Une proie se dévore et l'on cherche d'autres proies.

CONNAISSANCE ET AMOUR. — Les femmes ont besoin de dire toi à l'objet de leur amour, et c'est pour cela qu'elles ne cherchent pas la vérité. Les hommes seuls sont capables de vouer leur âme à cette vierge qu'on n'interpelle jamais et qui se nomme toujours « elle ». Les femmes ont besoin de parler *à* quelqu'un, les hommes ont besoin de parler *de* quelque chose.

Il n'est pas de recette assurée pour rendre une femme heureuse. Ici, la fatalité fait presque tout. Une femme est heureuse quand elle aime, et n'importe qui peut être aimé en se comportant n'importe comment. La bonne volonté, le sens du devoir, s'ils ne sont corroborés par l'adaptation réciproque et désespérément involontaire des contours secrets des âmes, agissent comme l'ours au pavé. Tout au plus peuvent-ils, dans les meilleurs cas, donner la pâle illusion d'un amour qui n'est jamais né ou prolonger l'agonie d'un amour qui meurt. Dans ce domaine, on ne fabrique pas du bonheur avec de bons sentiments. C'est en vain que je *veux* ton bien, si je ne *suis* déjà intérieurement ton bien...

★

Si nous demandons aux femmes de nous comprendre, il en est peu qui ne nous déçoivent; si nous leur demandons de se dévouer à nous, il en est peu qui ne nous surprennent.

★

L'homme qui aime éprouve le besoin de justifier son amour devant la logique, — devant la morale, ce prolongement de la logique, et devant l'opinion publique, ce prolongement de la morale! (Un homme se préoccupe toujours de l'opinion publique, même quand il la foule aux pieds : il est alors cynique, il n'est pas indifférent...) La femme se borne à aimer : son amour est *justificatus in semetipsum*. Quand elle se donne — même dans des conditions absurdes ou illicites — elles ne cherche pas au delà, elle éprouve l'euphorie, la « bonne conscience » de l'être qui atteint sa fin, qui réalise sa destinée. L'offrande de soi est pour elle la réalité dernière : la chose qui juge et explique tout et qui n'est ni jugée ni expliquée par rien. Tandis que l'homme amoureux n'est jamais pleinement satisfait de lui-même et demande toujours à sa raison de trouver des excuses et des alibis à sa passion...

★

L'amour féminin est spontanément moins égoïste et moins inconstant que l'amour masculin; en principe, les femmes n'ont pas à lutter pour être dévouées et fidèles à celui qu'elles aiment. Mais leur affection n'est pas vierge pour cela de toute recherche de soi : elles veulent le bonheur de l'être aimé, mais elles voudraient aussi que ce bonheur ne dépende, ne vienne que d'elles. « Je te veux heureux, mais par moi seule! » Aussi, les purifications de l'amour féminin portent-elles moins sur l'égoïsme proprement dit que sur une espèce d'altruisme avare et exclusif. Pour aimer en vérité, l'homme doit surmonter l'égoïsme tout court, la femme l'égoïsme à deux.

L'amoralisme des femmes procède avant tout de ce qu'elles n'ont pas le sens du relatif. Elles sont toutes à leur amour du moment, elles ne savent pas doser leur don. Or la morale est avant tout un dosage.

Je connaissais cet homme depuis longtemps. Je croyais lire dans son âme. Et voici qu'une amie commune vient de me le révéler dans ce qu'il a de plus tendrement vivant! La vie sociale n'offre pas de joie plus délicate que celle de redécouvrir un ami à travers une femme...

Les femmes sont complexes... Mais non! Elles sont étrangement simples, transparentes, pénétrables. Nos bras, en se refermant sur elles, les contiennent toutes, un baiser leur va jusqu'à l'âme. C'est nous qui compliquons les choses avec elles, et nous appelons cela leur complexité. La prétendue complexité des femmes réside uniquement dans l'impuissance des hommes à saisir leur simplicité.

CANDEUR FÉMININE. — Une femme qui se donne « gratuitement » à un homme s'imagine que le seul fait d'accepter ce don entraîne, de la part de l'homme, un engagement, un amour profonds. Hélas! l'homme assez vulgaire, léger et assoiffé de volupté égoïste pour accepter *tout de suite* un tel don est, par sa nature même, incapable d'attachement et de fidélité. Dans ce domaine, l'être le plus prompt à recevoir est le plus inapte à donner, et la facilité avec laquelle il accepte tout est l'indice qu'il ne rendra rien...

Les femmes répondent toujours et sont prêtes à tout donner dès qu'on fait appel à leur *instinct rédempteur*. Ce penchant tient à leur nature : il est aussi profond que l'instinct maternel et fait corps sans doute avec celui-ci. Les hommes bas trouvent là un moyen presque infaillible de séduction. Cela finit naturellement par un surcroît d'impureté et un *double* enlisement. Mais qu'importe à l'instinct?

DIALOGUE. — *Lui :* Je me donnerai peut-être moi-même, mais il faut d'abord que tu acceptes mon Dieu. — *Elle :* J'accepterai peut-être ton Dieu, mais il faut d'abord que tu te donnes toi-même...

★

A celle qui aime. — Ne te fonds pas tout entière dans ton amant. Garde en toi quelque chose de vierge à travers la possession, quelque chose d'extérieur et d'irréductible, non à ton amour, mais à l'avidité de l'être aimé. Car si tu te laisses totalement absorber par lui, si tu t'abandonnes sans réserve à son désir d'aujourd'hui, que te restera-t-il pour soutenir sa faiblesse de demain? Ce qui en toi lui résiste au jour de sa joie sera peut-être une planche de salut pour le jour de sa détresse. Mais si tu ne fais absolument qu'un avec lui, comment pourras-tu l'aider? Celui qui se noie ne s'accroche pas à son propre cœur.

C'est là le mystère de l'assimilation affective. L'être le plus cher qui se laisse totalement dominer, absorber par nous ne nous est d'aucun secours à l'heure des grandes épreuves ou des grandes tentations. Est-ce à dire qu'il soit devenu inutile pour s'être donné tout entier? Il faut distinguer ici entre l'aide intérieure et l'aide extérieure. Cette âme qui s'est fondue dans notre

169

âme habite en nous comme une espèce *d'organe de sur-croît* dont la présence intime et profonde nourrit et dilate notre propre vie. Mais il ne suffit pas de nourrir quelqu'un du dedans pour être à même de le sauver du dehors.

Idolâtrie. — Cet homme adore une femme. Son ido-lâtrie mérite un châtiment, pensez-vous. Soyez tran-quille : son idole s'en chargera — et beaucoup mieux que ne peut le rêver votre indignation, voire votre rancune.

III

Vérité de l'amour

L'AMOUR est pur lorsque, en lui, la soif du bonheur s'efface devant la passion de l'unité. Tant que deux êtres ne sont liés l'un à l'autre que par le désir d'être heureux, ils ne s'aiment pas, ils sont séparés. Aimer ne consiste pas à mettre en commun deux joies, mais deux vies.

L'amour vrai tend ainsi à réduire l'opposition entre le bonheur et la souffrance. Ces deux états d'âme qui s'excluent férocement l'un l'autre au niveau de la médiocrité sont vécus, à un niveau supérieur, comme les deux faces d'une même réalité qui les absorbe et les domine. L'amour délivre et purifie la joie et la peine : il purge la première de la bassesse et de l'inquiétude et la seconde de la révolte et du désespoir.

L'amour n'est pas une étincelle éphémère issue de la rencontre de deux désirs, c'est une flamme éternelle jaillie de la fusion de deux destinées.

Tant vaut l'homme, tant vaut l'amour. C'est vrai en un sens. Mais l'amour, cette étincelle jaillie du contact de deux âmes, ne s'identifie ni à l'une ni à l'autre, ni même à la somme de ces deux âmes : il constitue une réalité nouvelle et imprévisible. Il y a beaucoup plus dans un amour qui réussit, mais beaucoup moins dans un amour qui échoue que dans l'addition des deux êtres qui s'aiment.

Magnus amor. — Conjonction de l'ivresse et de la sécurité. Une ivresse sans réveil, sans aube amère, une flamme qui se nourrit d'elle-même et ne laisse pas de cendres.

★

Il est si naturel d'estimer ce qu'on aime
Qu'on voudrait que partout on l'estimât de même.
(Corneille.)

Ne pouvoir aimer que ce qu'on estime, signe de santé dans l'amour, car la santé se définit ici par l'unité, l'harmonie entre l'esprit et la passion. Au pôle opposé, réside la passion anarchique, étrangère à l'âme qu'elle asservit. « Que sait-il de l'amour, celui qui n'a pas été contraint de mépriser ce qu'il aime? » (Nietzsche.)

Eadem velle... — Seul, un amour commun peut faire la preuve d'un amour réciproque : J'appelle cette loi centrale de l'amour *le principe du tiers inclus*. Il y a un égoisme à deux; un égoisme à trois est plus difficile à concevoir. Ce tiers qui fait la preuve de l'amour, ce peut être une créature, ou Dieu, ou une œuvre, une mission communes (ou plusieurs de ces choses à la fois), mais sa présence est toujours nécessaire. Le *solus ad solam* n'est pas une chose saine : même dans la forme la plus haute de la dilection (l'union mystique), c'est l'amour du prochain qui fait la preuve de l'amour de Dieu. Hors de ce don commun à une troisième réalité, l'amour ne peut-être qu'un mélange d'égoisme et d'illusion — une idolâtrie. La vraie union entre les amants consiste moins peut-être *à* se donner l'un à l'autre qu'à se donner l'un *et* l'autre à un même objet. Et c'est là sans doute le sens de la vieille définition : *eadem velle, eadem nolle*.

Comment concevoir, d'ailleurs, la naissance d'une affection réelle entre deux êtres qui, dès le premier abord, ne se sentiraient pas liés par le même élan vers les mêmes réalités? Sans cette communion, l'amour se ramène à un vulgaire réflexe d'accaparement et de conquête. La fragilité des affections qui ne reposent pas sur un don de soi commun et prétendent se suffire à elles-mêmes (rien que nous...) est d'expérience courante : l'amour réciproque ne tarde pas à mourir d'inanition si nul amour commun ne le nourrit.

BONHEUR ET ABSOLU. — L'absolu n'est pas réalisable ici-bas dans la ligne du bonheur, il ne l'est que dans la ligne de l'amour. Mais les hommes ont coutume de se venger sur l'amour de leurs échecs dans la poursuite du bonheur.

L'amour t'a déçu. Regarde bien en toi. N'as-tu pas toujours confondu amour et bonheur? L'amour ne t'a pas déçu : tu n'as jamais aimé.

Nolite quaerere. — Le bonheur est peut-être la seule chose à laquelle la parole « cherchez et vous trouverez » ne s'applique pas. La poursuite du bonheur entretient dans l'âme une tension qui rend le bonheur impossible.

Marche dans ton amour, mais n'espère pas que la joie t'y suivra pas à pas. Le bonheur n'est pas *l'ombre de l'amour*. Quand l'amour avance, il semble parfois dormir — ou reculer. — Mais quand ton amour aura atteint son but qui est Dieu, la joie t'y rejoindra d'un coup d'aile et ne te quittera plus jamais.

Il est des êtres dont l'âme est si mêlée à la nôtre que nous avons besoin d'eux, non seulement pour nous épanouir, mais pour *exister*.

ABSOLU. — Il suffit d'aimer quelqu'un d'une façon absolue pour ne plus lui demander — l'absolu!

DÉTACHEMENT ET PLÉNITUDE. — Je t'aime et tu ne peux pas être à moi. Mais si je t'aime assez, si je bois ton âme assez haut dans sa source, je peux t'aimer sans souillure. Tout demander, c'est comme ne rien demander. Seuls les dons partiels nous sont interdits.

Il y a un amour sauveur et un amour corrupteur — et cela dépend moins de celui qui donne que de celui qui reçoit l'amour. Rien ne gâte et n'abâtardit davantage un être déjà enclin à l'égoïsme et à la mollesse qu'un climat de « compréhension » et d'affection. Seul l'être qui se hait lui-même peut être aimé sans danger. Le christianisme a purgé l'amour de tout son venin en l'unissant à la croix.

★

PUDEUR ET DISSIMULATION. — Ces deux sentiments se ressemblent par leurs manifestations extérieures; mais comme leur origine intime est diverse! La pudeur a peur du mensonge, la dissimulation de la vérité. La pudeur se voile devant les regards impurs ou superficiels, devant la fausse lumière. La dissimulation se voile devant la vraie lumière. La pudeur redoute qu'on se méprenne sur son secret, la dissimulation redoute qu'on voie trop clair dans son secret. La première craint d'être jugée selon les apparences, la seconde tremble d'être jugée selon la vérité. Hugo résume tout cela dans ce beau vers :

L'innocence se voile et la faute se cache...

AMOUR ET FAIBLESSE. — La faiblesse ment lorsqu'elle parle d'amour. A celui qui ne peut rien se donner à lui-même, personne n'apportera rien. Un homme n'est capable de donner et de recevoir que dans la mesure où il est capable de se suffire. Sa capacité de communion est préformée dans sa capacité de solitude.

Tout ce qui aime est faible. Mais est-ce l'amour qui te rend faible — ou la faiblesse qui te rend aimant?

PERFECTION DE L'AMOUR CRÉÉ. — Savourer le néant de l'être aimé, mais sans amertume, ni déception ni révolte. Ton néant est adorable — et cela seul peut être adoré en toi...

MYSTÈRES DE L'AMOUR. — La rencontre de deux pauvretés fait une richesse. Il suffit que deux néants s'ouvrent l'un à l'autre pour créer un Dieu.

Je juge de la pureté et de la solidité d'une attache au sentiment de liberté qu'elle me laisse.

On agit avec beaucoup d'aisance et de légèreté avec ce qu'on a de plus précieux. Rien n'est moins importun à l'homme que sa destinée profonde. On prend beaucoup de licences avec le grand amour : parce qu'on le sent inamissible on ne craint pas de se distraire de lui. Les êtres que nous aimons d'un amour total ne nous sont pas plus pesants, pas plus tyranniques que notre âme : nous les délaissons spontanément pour les retrouver ensuite avec autant d'aisance et de fraîcheur que nous retrouvons notre moi après l'éclipse du sommeil. Une passion obsédante et exclusive ne saurait être profonde : elle n'est pas tissée dans le rythme secret de notre destin, elle se cramponne dans la mesure où elle se sent menacée. Les mains des naufragés sont importunes.

Le vrai amour des créatures constitue un acte profondément religieux. « Je t'aime tel que Dieu te veut. » Inversement, le faux amour a quelque chose de sacrilège. « Je ne consens pas à ce que tu sois *déjà* créé. »

★

Le mauvais amour — j'allais dire l'amour « littéraire » — se reconnaît à ceci qu'il joue à l'amour divin

(Dieu est l'être qui n'aime que lui-même et sa propre création : rien d'antérieur à lui n'existe pour lui!). Cet amour se comporte vis-à-vis de l'être aimé exactement comme vis-à-vis d'une œuvre d'art à réaliser : combien de personnes « aiment » de la même façon qu'elles bâtissent un roman! Il a besoin de tirer incessamment l'être aimé de l'imagination, et ce procédé « créateur » le situe aux antipodes de l'amour vrai qui est consentement, abandon, sainte passivité à l'égard d'un être que nous ne fabriquons pas, mais qui nous est *donné du dehors*. L'artiste crée, l'amant se laisse en quelque sorte créer : le premier donne à l'objet qu'il tire de lui et qu'il projette hors de lui la forme de son désir et de son rêve; le second laisse son désir et son rêve prendre la forme d'une réalité extérieure et antérieure à lui et qu'il accueille en lui. Là le sujet informe l'objet, ici il est informé par lui...

Cette espèce d'empiétement morbide de l'activité artistique sur les choses du cœur conduit à l'empoisonnement et à la mort de l'amour. C'est se heurter à l'impossible que de demander à la *projection* artistique de suppléer *l'accueil* amoureux. Il est du reste assez comique de voir tant d'êtres qui, après avoir copieusement infecté leurs affections de narcissisme, s'indignent de ce que l'amour ne soit qu'artifice, fiction, roman, et le condamnent sous le nom de ces choses avec lesquelles ils n'ont jamais cessé de le confondre.

AMOUR ET NÉCESSITÉ. — Je ne t'ai pas choisie. Je t'aimerais mal si j'avais eu besoin de te choisir. On ne choisit pas Dieu : il est seul. Il en est de même pour certains dons de Dieu; ils s'imposent avec la même nécessité que Dieu même, ils excluent comme lui le balancement et le choix. Tu n'es pas *l'élue (prima inter pares)*, tu es *l'unique*.

Même les hasards qui m'ont fait te rencontrer faisaient partie de moi-même. Il est, dans la vie de chaque homme, des heures décisives où les hasards sont pleinement asservis à *sa* nécessité. Et là, il est vain de parler de chance ou de dire « si ». Dès l'instant que tu existais, tu ne pouvais pas ne pas venir à moi : Dieu ne crée pas les âmes à moitié. Je ne sépare pas ton amour des événements qui l'ont fait naître : ton entrée dans ma vie était comprise dans ton essence.

★

Mon cœur me l'avait dit : toute âme est sœur d'une âme
... Leur destin, tôt ou tard, est de se rencontrer.

(Lamartine.)

Mythe stupide et vénéneux de l'âme sœur créée spécialement pour chacun de nous et qu'il suffit de rencontrer pour réaliser sur terre le paradis de l'amour. Certes, un minimum d'harmonie préétablie est indis-

pensable à l'éclosion d'un grand amour, mais ce minimum de consonance entre les âmes, des centaines de
femmes le réalisent *a priori* à l'égard de chaque homme
et des centaines d'hommes à l'égard de chaque femme.
Il faut toute la candeur de la jeunesse, toute son ignorance de la vie pour méconnaître cette vérité. Et il faut
aussi beaucoup d'orgueil : il faut se croire unique et solitaire comme un dieu que seul un autre dieu, également
unique et solitaire, peut comprendre et peut combler.

Un seul Tristan pour une seule Yseult : divinisation
de l'amour humain qui, comme toutes les idolâtries,
mène en droite ligne à la destruction de l'idole. Don
Juan est fils de Tristan et il ressemble terriblement à
son père. Tous deux sont captifs du mythe de *l'amante
unique et parfaite préparée d'avance par le destin :* l'un
s'imagine la posséder, l'autre la cherche. Tous deux
croient à l'absolu, au paradis de l'amour, mais à un
paradis *gratuit* et de plain-pied, créé par la seule rencontre et la seule présence.

En réalité, l'harmonie unique et irremplaçable entre
deux âmes n'est, à l'heure de la rencontre, qu'une
ébauche indéterminée au sein d'une gangue d'illusion.
C'est de la communion quotidienne, des joies, des douleurs, des efforts et des sacrifices partagés, qu'elle tire
ensuite sa forme précise et immuable. « L'âme sœur »,
« la moitié de nous-même » n'est pas donnée *a priori*,
mais *a posteriori :* c'est notre amour et notre fidélité qui
la créent. Elle aurait pu être une autre, mais après
l'épreuve de l'amour, elle ne peut être que celle-là.

L'épouse unique se mérite : la vraie monogamie, c'est-à-dire la fusion définitive de deux destinées, se trouve au terme plutôt qu'à la source de l'amour.

Les deux aphorismes précédents ne se contredisent pas. Ils sont vrais à des niveaux différents. La nécessité éternelle se manifeste en effet jusque dans les choses qui dépendent du temps et du hasard. Mais il faut avoir l'âme assez pure pour la reconnaître et pour l'accueillir. C'est une grande illusion — et une porte ouverte sur toutes les déceptions — que de revêtir prématurément d'absolu les événements d'ici-bas. Le premier amour n'est pas nécessairement l'amour éternel.

Grandes passions, tentations, etc. — Dans certains cas extrêmes, le seul fait d'envisager une éventualité comme *possible* la rend *nécessaire*.

Ce que j'ai soif avant tout de recevoir de toi, c'est ce que j'ai déjà! Les choses sacrées qui vivent en moi, je ne les posséderai sans ombre que lorsqu'elles me reviendront portées dans tes mains et sur tes lèvres. Tu ne me donnes rien, si tu ne me donnes à moi-même. J'attends, pour me reposer dans mon âme, de l'avoir reçue de toi comme une aumône...

L'amour d'une créature ne peut rien créer en nous. Mais il peut tout *libérer*. Sans l'intervention d'une âme étrangère, sans une chaleur venue du dehors, nos richesses les plus profondes resteraient éternellement impuissantes, éternellement enchaînées. Quel est l'homme qui a jamais touché le fond de lui-même sans le secours d'un autre homme? Qui ne peut dire à l'ami ou à l'aimée : Tu m'as donné à moi-même, j'ai reçu mon âme de tes mains?

AMOUR ET SILENCE. — Les mots peuvent différer : il suffit que nos silences soient accordés. Il n'est d'union vraie entre deux êtres que dans la mesure où la compréhension précède et mesure la parole. Il ne sert de rien d'avoir les mêmes idées, les mêmes désirs et les mêmes termes pour les exprimer, si l'on ne communie pas au même silence... Les mots prononcés n'ont de valeur que dans la mesure où ils procèdent du silence; et les mots reçus, que s'ils laissent dans l'âme une trace muette et s'ils ajoutent quelque chose à son trésor silencieux.

Ce n'est pas de ce qu'on dit, c'est de ce qu'on tait que naît l'amour. Combien d'êtres se sont quittés follement épris l'un de l'autre après ne s'être dit que quelques banalités coupées de longs silences! L'amitié naît du verbe et l'amour du silence... Deux nouveaux amants éprouvent exactement la même gêne à parler que deux nouveaux amis à se taire.

MAGNUS AMOR. — Il naît, comme un fleuve, d'une plénitude intérieure et d'un effort souterrain. Comme un fleuve, il se fortifie et s'élargit dans sa course : tous les hasards — toutes les joies et surtout toutes les larmes — qui croisent sa route sont pour lui des affluents. Et comme un fleuve se perd dans la mer, il se perd en Dieu et s'éternise en mourant.

DÉSIR ET POSSESSION. — Les vrais dons de Dieu débordent toujours notre attente. En réalité, on ne reçoit jamais ce qu'on attend : on reçoit moins ou on reçoit plus. Dans l'ordre des choses suprêmes, on reçoit le désir avec l'objet, la soif avec le breuvage. L'être aimé, en se donnant, *crée* sa place dans le cœur qu'il vient remplir. On prend conscience de l'abîme qu'on porte en soi dans la mesure où cet abîme est comblé...

AMOUR ET RESSEMBLANCE. — Ces deux femmes que

j'admire et vénère et que je ne peux pas aimer : l'une parce qu'elle me ressemble trop, l'autre parce qu'elle ne me ressemble pas du tout. On ne peut aimer ni son double ni son contraire. L'amour exige un savant dosage d'identité et de différence.

Quel serait pour tout homme l'être le plus insupportable? Son double, s'il pouvait exister — sa copie vivante. Cet être qui serait un autre, un étranger, et qui pourtant ne recèlerait pour nous aucune nouveauté, aucun mystère! Nous haïrions notre double dans l'exacte mesure où nous aimons notre moi. L'alter ego est autre chose : l'identité d'amour repose sur la différence de nature!

CRISES DE L'AMOUR. — Il est des hommes qui trahissent parce que leur amour change d'objet, et d'autres parce que la puissance d'aimer se tarit en eux. Ces derniers sont les plus nobles. Ils ne vont pas cependant jusqu'au fond de leur amour. Car le grand amour communie à un principe éternel et libre de tout hasard, qui déborde notre puissance subjective d'aimer et qui, si elle succombe, lui survit. Et c'est pour cela que l'homme peut dire, en dépit de toutes les morts qui habitent en lui : je t'aimerai toujours.

LA MORT ET L'AMOUR. — Le grand privilège des morts, c'est l'immobilité. Ils n'ont plus la triste faculté d'altérer ou de renier le message qu'ils nous ont transmis : parce qu'ils sont incapables de trahir, on peut s'appuyer sur eux en toute sécurité. Par là, tout grand amour s'apparente à la mort : il présente le même caractère définitif, il offre les mêmes garanties d'immuable fidélité. Ceux qui aiment vraiment sont, en un sens, déjà morts : ils sont soustraits, comme les morts, au changement et au mensonge. Leur demeure est déjà *le ciel des étoiles fixes.* Ils n'habitent plus ce monde imparfait où la génération et la corruption se répondent. Et là est, sans doute, la clef de cette affinité entre l'amour et la mort que tous les vrais amants ont pressentie.

★

La vraie fidélité consiste à faire renaître indéfiniment ce qui est né une fois — ces pauvres germes d'éternité déposés par Dieu dans le temps, que l'infidélité rejette et que la fausse fidélité momifie. La naissance seule a des charmes, disent les amants du changement, mais ce qui n'est pas capable de renaître n'est jamais né (il y a ici-bas plus d'avortements que de naissances...). Le geste de cueillir la fleur est aussi vierge que celui de lancer la graine — et celui qui ne sait pas attendre la récolte n'a rien su non plus de la joie et de l'amour du semeur : il a simplement déployé ses mains et s'est enivré de son geste; il n'a pas semé...

ANTIPATHIE. — Il est des êtres qui nous irritent fatalement, même sans le vouloir, même par quiproquo. Mais ce quiproquo n'est qu'apparent. Si nous nous trompons sur leurs *manières*, nous ne nous trompons pas sur leur *nature* : c'est une intuition vraie de désharmonie fondamentale entre eux et nous qui dicte notre fausse interprétation de leurs actes. Quand un être nous répugne par ce qu'il est, rien de ce qu'il fait — même avec la meilleure intention du monde — ne saurait nous agréer.

Je sais en toi un abri où plus rien ne peut me décevoir, où, même si tu le voulais, tu ne pourrais pas tuer mon amour. J'épouse tellement ton âme à sa racine dernière que j'échappe à ton pouvoir destructeur. Je vis trop près de toi-même, je suis trop toi-même pour que tes coups puissent m'atteindre...

IV

Mensonge de l'amour

Péché originel. — Le péché originel a touché l'amour dans sa qualité plus que dans sa quantité. Il l'a ravalé, corrompu plutôt que diminué; il l'a moins affaibli que vulgarisé. Chose insupportable : il n'est pas de nature profonde et délicate qui ne préfère se sentir haïe qu'aimée de la sorte. Un amour vulgaire est un amour *essoufflé;* un amour qui s'arrête, soit à la matérialité des choses, soit à un individu et qui ne va pas jusqu'au centre, jusqu'à *l'esprit* des êtres, qui ne va pas jusqu'à Dieu. Ici, vulgarité et idolâtrie se confondent.

Il y a au moins dans l'amour idolâtrique une chose — une seule — qui ne manque jamais, ne trahit jamais : la déception. Il y a au moins une vérité dans cet amour — et c'est le mensonge!

La femme promet ce que Dieu seul peut tenir. Ne sois pas amer envers elle. N'est-il pas déjà merveilleux qu'une telle promesse existe? Dieu n'a pas d'appeau plus irrésistible que la femme.

La femme est la présence la plus proche qui soit. Et c'est pourquoi elle nous attire : il est plus facile de tomber dans ses bras que de monter vers Dieu. Mais cette présence si proche n'est jamais intérieure. Et c'est pourquoi elle nous déçoit. — Dieu, au contraire, est l'être le plus lointain : son amour n'apporte ni la chaleur du lit ni la chaleur du sein, mais sa présence est la seule capable de pénétrer, jusqu'à notre centre et de combler ce vide intérieur que le plus grand amour féminin laisse béant.

Quand l'amour ne servirait qu'à ceci : à nous laisser seuls après l'illusion de la délivrance, à rendre notre solitude mille fois plus amère et plus désespérée et digne de la terrible pitié de Dieu — eh bien! l'amour n'existerait pas en vain!

Il est amer d'être seul. Mais il est plus amer encore

189

quand on est deux, de ne pas faire qu'un seul. La pire des solitudes gît dans la communion ratée.

L'amour de la femme fait la preuve de notre solitude. Celui qui n'a jamais tout espéré d'une femme ne sait pas jusqu'à quel point sa solitude est incurable, c'est-à-dire divine. Purification centrale : quand on a vraiment confondu Dieu avec une femme, il n'est plus possible de rien confondre avec Dieu. La place est nette!

Pour la plupart des femmes, vouloir du bien à un homme est un moyen presque assuré de ne pas lui en faire. Le bien qu'elles nous veulent les empêche de voir le bien qu'il nous faut.

HAINE ET AMOUR. — Vois l'histoire des choses, des hommes, des peuples et des idées : tout s'affronte avant de s'unir, afin de s'unir. L'amour ne serait-il donc qu'une haine venue à maturité, dorée à point? Ou plutôt la haine ne serait-elle pas un subterfuge, un détour enrichissant, une sorte de chemin des écoliers de l'amour?

Une femme désire t'aider. Prends garde. Elle va s'asseoir sur ton fardeau...

Quel est le pire pessimiste à l'égard des femmes? Ce n'est pas celui qui crie sottement qu'elles sont mauvaises et que leur amour n'est que mensonge. C'est celui qui croit qu'elles aiment, mais que leur amour est inutile, qu'elles sont bonnes, mais bonnes en vain et qu'elles nous font du mal en nous voulant du bien. Il est infiniment moins amer de croire à l'absence d'amour qu'à un amour qui se trompe fatalement — à l'ours étrangleur qu'à l'ours au pavé. Il n'est pas de pire bourreau que le bourreau bienveillant.

A UNE FEMME. — Tu es de taille à me comprendre, je n'en doute pas. Mais es-tu de taille à me *supporter*?

AVANT-GOÛT DE L'ENFER. — Avoir près de soi un être qu'on ne peut pas supporter et dont on ne peut pas se passer.

LIMITES DE L'AMOUR. — Ton amour peut renverser des montagnes? Je n'en doute pas. Mais prends garde aux impondérables! Tout serait trop simple et trop facile s'il ne s'agissait que d'abattre des montagnes et si les grandes passions ne connaissaient que de grands obstacles. Il est autour de toi mille fatalités mesquines qui, par leur insignifiance même, n'offrent pas de prise à ton grand amour et lui font échec sans recours. Le fer des héros vibre dans tes mains : il t'a débarrassé déjà de plusieurs géants ennemis. Mais de quoi te servira-t-il contre cet irritant moucheron qui rôde autour de ta tête?

TRAGÉDIE DE L'AMOUR. — Ce n'est pas que deux êtres qui ne peuvent rien se donner s'unissent et croient s'aimer (cela n'est qu'un vulgaire quiproquo), c'est que deux êtres qui peuvent tout se donner ne se donnent rien en fait, à cause d'un simple manque d'adaptation extérieure, d'un geste en trop ou en moins.

PROBLÈME DE « L'INCONSTANCE ». — Est-ce par inconstance qu'on oublie certains êtres, ou bien par inadaptation, quiproquo, « maldonne »? Tant que je n'ai eu que des relations superficielles avec les êtres superficiels, j'ai évité la déception et l'infidélité. Mais toutes les fois que j'ai attendu d'un homme plus qu'il ne pouvait me donner, j'ai dû rompre et oublier. Et ceci, non par inconstance ou goût du changement, mais parce que, dans l'ordre de l'amour, l'obligation de reculer équivaut à la nécessité de mourir. Combien de fois regrette-t-on d'être allé trop loin avec un ami ou une femme et d'avoir laissé déborder l'amour d'un plan superficiel où l'échange était possible sur un autre, plus profond, où la déception devenait inévitable! On ne peut plus revenir en arrière, hélas! mais ce serait charmant de s'être arrêté à temps. L'inconstance n'est ici qu'une façon de revenir sur une erreur, de rester fidèle à soi-même.

Granum veritatis. — L'amour de la femme, m'a dit cet homme au regard amer, est celui qui nous apporte les joies les plus plates et les douleurs les plus profondes. Toutes les fois que j'ai rencontré des amants heureux, j'ai songé avec pitié que tout le monde n'était pas digne de faire ici-bas l'apprentissage de l'enfer.

AMOUR ET SERVITUDE. — Dès qu'on se fait l'esclave de quelqu'un, on cesse d'être son serviteur pour devenir son bourreau...

Ces amants se mentent réciproquement; chacun sait qu'il ment et chacun croit, aussi longtemps que dure l'« amour », à la sincérité de l'autre. Chacun demande à l'autre la vérité, la pureté absolues. Mais cette exigence et cette crédulité de l'amour suffisent à prouver que l'homme est fait pour Dieu, car Dieu seul peut tenir ce que n'importe quel amour promet.

Je comprends que l'« amour », tel que le décrit un Proust, implique forcément l'irritation et la haine à l'égard de l'objet aimé. C'est un affreux supplice que d'être à la fois irrémédiablement isolé dans son narcissisme et contraint de courir après d'autres êtres, après l'impossible amour. Alors l'homme déteste nécessairement son partenaire — cet être à qui il ne peut rien donner et dont il ne peut rien recevoir et qui n'est là que pour souligner cruellement son impuissance à se suffire et son impuissance à se donner.

LA MORT ET L'AMOUR. — Je lis au hasard deux lettres de Victor Hugo : l'une est adressée à sa fiancée, l'autre précède sa rupture avec Sainte-Beuve. La première n'est que niaiserie emphatique, vide étincelant, mensonge en un mot. Mais quelle précision, quelle brièveté substantielle, quelle *vérité* dans la seconde! C'est qu'ici-bas l'amour est moins vrai que la mort, c'est que la mort est peut-être au monde la seule chose qui ne mente pas — la plus pure image de Dieu.

AMOUR DES SEXES. — Depuis qu'il se drape indûment d'idéal et d'absolu, l'attrait des sexes est devenu la forme la plus basse et la plus vulgaire de l'amour. La religion, l'« évasion » tiennent dans cette pauvre chose. L'amour est Dieu. Et c'est pour cela sans doute que les hommes, qui ne rougissent pas de manger ou de dormir, rougissent d'être amoureux. Ils ont honte inconsciemment de prier un Dieu si bas...

Ta solitude te pèse. Si c'est la solitude vaine et bêlante d'un mouton égaré, elle est digne de mourir dans les bras d'une femme, mais si c'est la solitude profonde d'un cœur de berger marqué par Dieu, défends-toi contre l'amour. Prends une femme pour ton besoin, ou pour ton plaisir, ou pour ton tourment, mais cherche plus haut le tombeau de ta solitude...

Ta solitude te pèse. Attends que Dieu la mûrisse et s'unisse à elle. Ou bien, fais-la avorter, conduis-la à l'abattoir commun, cherche une femme. Mais tu auras perdu, avec ta solitude tuée dans l'œuf, jusqu'à la possibilité d'une communion supérieure. On monte au ciel uni, et non pas accouplé.

Ce qui est essentiellement, incurablement médiocre, ce n'est pas de tout attendre d'une femme (cette épreuve est souvent nécessaire aux meilleurs), c'est de tout *trouver* dans une femme...

MARIAGE. — La qualité d'un amour se juge à la nature des conversations entre deux époux après plusieurs années de mariage. En général, ces conversations ne sont plus dictées que par l'intérêt ou la médisance : elles ne dépassent guère le niveau du cabinet de l'homme d'affaires ou de la loge du concierge.

AMOUR ET ÉLECTION. — Qui se ressemble s'assemble. Cela est vrai pour l'amitié. Mais pour l'amour ? Quand un homme que nous connaissons intimement nous présente un de ses amis, nous ne sommes pas surpris, nous savions d'avance *quels* amis il pouvait avoir. Mais s'il nous présente la femme qu'il aime, nous pouvons nous attendre à n'importe quoi — et pour résoudre l'énigme de certaines unions, il faudrait pouvoir interroger le démon préposé à la « confusion des fontaines et des soifs »...

Tu dis m'aimer ? Et tu voudrais que je fasse effort pour te retenir ? Mais dès qu'un être a besoin d'être « retenu », il ne mérite plus d'être conservé. Meure l'amour qui ne donne pas d'abord le repos !

COURBE DE L'AMOUR. — Tu m'étais *sacrée*. Hélas! tu m'es devenue *chère*. Le cœur, — cette âme vulgaire et indiscrète de la chair — a fait reculer l'âme, ce cœur divin de l'esprit. Je t'aime. Cela signifiait hier : je te bénis; cela signifie aujourd'hui : je te veux.

L'amour, chez la plupart des hommes, est porté sur le désir, et le désir n'a pas les reins très solides. Qui veut aller loin doit ménager sa monture. Il s'agit beaucoup moins de manger que de savoir entretenir sa faim. L'amour n'a plus rien dès qu'il a tout ce qu'il désire. Il est condamné, comme les petites gens à « vivre de privations » — ou à mourir.

« Vois de quel œil luisant la vertu me déteste », dit le Don Juan de Rostand. Chez beaucoup d'hommes, et surtout en matière sexuelle, la rage d'être juge se nourrit du dépit de n'avoir pas été complice.

★

Lebensneid. — Notre pire ennemi, c'est l'être qui devine, qui flaire en nous une joie et qui ne sait pas

197

quelle est cette joie. Ainsi les femmes aux sens et au cœur glacés devant une femme aimante et aimée. *La haine de la joie inconnue* est la plus dévorante et la plus irrémissible des haines. L'envieux sent que cela existe et il sent en même temps que cela n'est pas fait pour lui : impossible d'en partager, d'en rêver même la saveur. Là gît le scandale qui appelle toutes les vengeances. C'est pour cela que les Pharisiens ont tué Dieu et qu'ils continuent à tuer tout ce qui ressemble à Dieu...

Voici des êtres mous, rampants, parasites : ce sont précisément ceux-là qui se considèrent comme indispensables. Dans la mesure où leur faiblesse a besoin des autres, leur vanité les persuade que les autres ont besoin d'eux. Les nécessiteux seuls se croient nécessaires. Si le lierre avait une conscience, il serait convaincu de remplir un devoir sacré à l'égard du chêne. C'est pour ton bien que je colle à toi, lui dirait-il *amoureusement*.

L'AMOUR ET L'ENFANT. — Il ne faut pas que notre amour tire à conséquence, ont murmuré dans le secret de leur âme ces deux époux, il ne faut pas qu'il laisse de traces, il faut qu'il soit comme s'il n'était pas. Et, en effet, il n'est pas! Si un enfant en résultait, cela contredirait ce néant où notre « union » se sent si à l'aise;

il semblerait que nous nous sommes aimés, que quelque chose de *réel* s'est passé entre nous. Comment supporter qu'une chose aussi solide, aussi vraie, sorte du contact fugitif de nos épidermes et de nos rêves? Quoi donc! Le vent qui soufflera demain n'emporterait pas tout cela? Nos baisers deviendraient chair et âme — de ce masque qu'est notre amour il sortirait un visage? L'attitude des couples sans amour, qui refusent l'enfant, est parfaitement normale : cet enfant possible, ils ne le sentent pas seulement *encombrant,* ils le sentent *absurde.* Un amour qui a le néant pour essence refuse logiquement d'avoir l'être pour résultat.

Tu gémis sur ses mensonges. Mais si l'amour n'était pas une vérité et si tu ne portais pas en toi cette vérité, comment pourrais-tu pleurer sur ses mensonges? Le mensonge est une vérité écrasée, et qui se tord ridiculement dans la fange. Le mensonge de l'amour est une plaie dans le cœur de Dieu — une plaie pourrie, mais la plaie même rend témoignage à la chair.

Cette femme t'a menti, ce faux dévot t'a trompé. Tu tires de ta déception un argument contre l'amour et contre la foi. Mais cette déception même est un hommage à la vraie religion et à l'amour pur. Serais-tu aussi meurtri dans les profondeurs de ton âme par un mauvais cuisinier ou un mauvais coiffeur? Tu souffres de voir cette chose profanée : c'est donc qu'elle est sacrée. L'irritation que crée en toi la caricature te donne la mesure de la splendeur de la forme.

V

Tourment de l'amour

L'AMOUR ne pèse pas. Cette branche ne casse que si l'oiseau posé sur elle s'envole. Ce qui peut me briser, ce n'est pas que tu t'appuies trop sur moi, c'est que tu m'abandonnes.

L'amour est une force centrifuge; il est fait pour aller du sujet à l'objet. Aussi, quand un être à qui nous avons donné notre amour se révèle vain ou indigne, rien n'est plus atrocement contre nature que de lui « retirer » cet amour. Arracher notre amour de cette image où il adhère, faire rentrer en nous ce qui, par essence n'est fait que pour sortir de nous, il n'est pas de nécessité plus inhumaine qui puisse nous accabler. L'amour qu'on épanche nourrit, l'amour qu'on résorbe empoisonne.

Caractère *catastrophique* de la grande passion chez

l'homme : ce mélange insupportable de force et de faiblesse — sentir toute sa force usurpée, volée, asservie par une faiblesse!

Douceur de l'amour divin : nous nous donnons à un être que notre amour *ne peut pas faire souffrir*. Mais cette épine de l'amour créé, cette amertume et cette pitié de s'appuyer sur un être qui ne se suffit pas à lui-même et qui vacille déjà...

Je ne veux pas qu'on m'aime (Pascal). J'ai tardé à comprendre la pureté désespérée de ce mot. Ce n'est pas le cri de la fatigue, de l'égoïsme ou d'un ascétisme encerclant et terrifié; c'est le cri d'un homme qui a trop bien mesuré ses possibilités de déception et de torture à l'égard d'autrui, c'est le cri suprême de la pitié. « Par amour pour toi-même, ne m'aime pas : ne rive pas tes lèvres à ma coupe vaine et mourante... » Ah! cette aurore de la connaissance de soi où nous aimons trop les hommes pour vouloir en être aimés!

Pascal parlait ainsi par pitié : il ne voulait associer personne à la douleur et au néant qu'il portait en lui.

Prodige de clairvoyance et d'abnégation, mais calomnie à l'égard de l'amour vrai. Le pire mal, pour celui qui aime, c'est de ne pas *tout* partager avec l'être aimé — même et surtout la douleur et le néant. Si Pascal avait compris jusqu'à quel oubli du bonheur peut conduire l'amour créé, il aurait consenti à être aimé.

Saint Jean répond à Pascal : « Celui qui n'aime pas son frère qu'il voit, comment aimera-t-il Dieu qu'il ne voit pas ? » Tout le débat entre Pascal et saint Jean consiste à savoir si les amours d'ici-bas ont une fonction négative ou positive, si les créatures sont uniquement des murs qui renvoient vers Dieu nos cœurs meurtris et déçus, ou si elles peuvent être des ponts qui nous conduisent à Dieu. Le symbole du pont me paraît plus chrétien que celui du mur. Pour atteindre l'autre rive, il faut entrer sur le pont : donc, je veux qu'on m'aime. Mais il ne faut pas *rester* sur le pont, donc je veux qu'on ne dépasse. Il est plus facile de refuser en bloc l'amour des hommes que de leur dire simultanément : « Venez à moi » et : « Ne faites pas en moi votre demeure ». Ceux que l'amour des créatures a déçus sont ceux qui ont voulu installer leur demeure sur des ponts. Ceux-là n'ont pas trop aimé, comme ils le croient, ils se sont arrêtés dans leur amour.

Le canal et la source. — Si tu cherches tout *en* moi, tu ne trouveras rien. Mais tout — et Dieu lui-même — peut te venir *par* moi. L'illusion consiste à prendre la créature pour une source, et la déception qui vient ensuite à ne plus voir même en elle un canal.

L'amour humain a des limites. Exactement comme la vie embryonnaire a pour limite la naissance et comme la vie terrestre a pour limite l'éternité. Limite signifie transformation : toute limite de l'amour est une invitation à aimer *autrement*. Mais l'homme repousse ces transformations; son amour se cramponne à sa première forme, il refuse de mourir pour renaître — et il meurt tout entier. Le chef-d'œuvre de ce parasite mystérieux rivé à notre âme et que nous appelons « péché », « égoïsme » etc., c'est de *transformer les mues en morts*. Les cadavres de nos affections défuntes sont faits de métamorphoses avortées.

Malheur à celui qui conserve dans son cœur le goût et l'appel de l'éternité et qui ne sait pas s'élever au-dessus du temps! Suivant la trempe de son caractère ou l'objet auquel s'applique son désir, il s'appelle Prométhée, Alceste, Tristan ou Don Juan. Il est sans cesse écartelé entre le réel et l'impossible; dès qu'il touche une limite, il la brise : il croit parfois se libérer, mais il n'est de délivrance pour lui qu'au delà de la terre et sa fièvre d'évasion se résout dans un changement de prison. Le péché essentiel, le seul péché peut-être (car le reste qu'on nomme péché n'est qu'une infraction aux règles du jeu social et n'a aucune portée transcendante) consiste à *boire aux coupes du temps avec une soif éternelle.* C'est là l'essence du tragique et de l'enfer : désirer l'infini en restant captif du fini et ne rien pouvoir changer à ce double appel contradictoire. Le tragique ne réside pas dans le temps lui-même, mais dans la prostitution de l'éternel au temps. Il n'est pas tragique de voir un ver ramper dans la boue, car il est fait pour la boue et la boue est faite pour lui. Ce qui est tragique, ce sont les ailes de l'oiseau blessé qui se traînent dans la boue.

Je te sens pauvre, fragile, menacée, mortelle, et c'est ce déchirement entre l'exigence d'éternité qui est au cœur de notre union et la certitude terrible que tu mourras demain qui fait mon amour si profond. Si je ne te savais guettée par la mort, je ne t'aimerais pas avec cette pitié infinie et cette espérance crucifiée. Et j'aime pourtant Dieu plus que toi, Dieu que rien ne menace. Mais Dieu ne vit pas qu'au ciel; il vit aussi dans les âmes, et il n'est pas de vie plus fragile et plus menacée que celle-là. Rien au monde n'est aussi mortel et aussi mourant que Dieu dans les hommes; le moindre choc de la passion ou de l'intérêt, la moindre pression du conformisme suffisent à le tuer : ici la suprême réalité s'est faite timide et balayable comme un rêve, et c'est pourquoi l'amour des saints est si tendre, si transpercé de pitié, si tremblant de crainte en même temps que d'espoir. Chaque jour ils disputent leur Dieu à la mort.

LA MORT ET L'AMOUR. — Si elle vivait encore, notre union serait si parfaite! Mais précisément, elle est morte, elle ne *peut* plus vivre. Et c'est ce sentiment de l'irréparable qui donne à mon idée de perfection cette pureté désespérée et ce tranchant absolu. Mon idée de perfection s'abreuve aux mamelles de l'impossible. C'est en te perdant que j'ai communié à la profondeur suprême de notre amour. Ta mort a créé en moi la disposition la plus proche et la plus parfaite à jouir de toi; en balayant l'objet, elle a couronné la *préparation* du sujet, elle a parfait ma faim en me ravissant l'aliment. Le spectacle de cette mortelle affinité qui marie ici-bas, dans tous les domaines, la plénitude à l'impossible soulève une question essentielle — et la réponse à cette question départage les métaphysiques vivantes et les métaphysiques mortes : la mort est-elle un obstacle franchissable?

ABSENCE. — Le jour où je ne t'ai pas trouvée, je n'ai pas vu un lieu où tu n'étais pas, je n'ai pas vu ton absence, je t'ai vue absente. L'objet, même absent, est premier; l'absence est seconde, elle est comme une plaie dans l'objet. Le pauvre est torturé, non par l'absence de pain, mais par le pain absent, par le désir qui est déjà l'objet — un objet inquiet, germinal, enchaîné, avide d'incarnation et de plénitude. *La soif est une eau mutilée.* Quand j'ai vu ton visage absent, cela signifie que je n'ai vu, en face de moi, que le visage de mon désir — ce visage de misère et d'imploration qui est déjà *ton* visage.

ATTENTE. — L'attente est faite d'une tension insupportable entre la certitude d'un amour qu'on sent éternel et l'incertitude d'une présence physique qu'on sent si fugace et si menacée. Quoi de plus angoissant que de sentir la substance à la merci de l'accident? Le sentiment de l'attente, c'est le sentiment de la nécessité asservie au hasard.

★

A CELLE QUI BRISE. — Sois bénie, toi qui as mis en moi assez de désordre, de vertige et de ruines pour que je ne puisse plus jamais être satisfait de moi-même ou me reposer dans une paix vulnérable — toi qui m'as sauvé du bonheur!

CHEMIN D'AUTOMNE. — Nous avons marché. J'ai fait sans amour les gestes de l'amour, j'ai tendu vainement les bras vers le printemps mort. Et puis j'ai baisé sa main. Elle était froide comme une main de statue. Et ce fut là mon premier baiser éternel.

Table des matières

Imprimé en France
FROC01n1346141216
16637FR00021B/396/P

9 782213 002972